KB230911

대통령과 내각

대통령과 내각

김지희 著

한국학술정보㈜

|머리말|

　제도의 구축을 통한 민주주의로의 이행이 곧 민주주의 정부의 안정적 운영을 담보해 주지 못한다는 것은 주지의 사실이다. 즉, 민주주의적 거버넌스(democratic governance)가 안정적으로 작동하기 위해서는 새롭게 도입된 민주주의 기제와 절차의 제도화, 권력구조의 적정한 재배열, 계약문화와 사회적 신뢰의 정착, 경제사회적 성과의 축적 등 다양한 조건들이 모두 충족되어야 한다.

　이와 같은 맥락에서 이 책은 대통령제를 채택하고 있는 민주주의 국가의 정부안정성, 특히 내각안정성(cabinet stability)의 결정인자에 초점을 맞춘다. 이처럼 초점을 제한한 이유는 우선 기존의 내각안정성 연구가 거의 대부분 의원내각제를 채택하고 있는 서유럽 국가들을 대상으로 진행되어 왔기 때문에 일반성의 문제가 표출되고 있으며, 따라서 정작 우리가 채택하고 있는 대통령제의 경우에도 도출된 분석모형이 무리 없이 적용될 수 있는지 의문이 생기기 때문이다. 기실 정치학 연구의 궁극적 목표가 제 나라 정치의 이해와 그에 입각한 처방에 있다면 대통령제 국가의 정부안정성 연구는 반드시 수행될 필요가 있다.

　책의 내용은 저자가 한국외국어내학교에 세출한 박사학위논문을 수정·보완한 것이다. 수년 전에 작성된 것이기 때문에 사용 자료의 현재적 가치가 어느 정도 퇴색된 것은 불가피한 사실이나, 연구설계와 분석모형의 기본구조는 아직도 상당한 적실성을 갖는다고 본다.

　책을 출간할 것을 제안하신 〈한국학술정보〉의 관계자들께 사의를
표하며, 연구와 자료수집을 위한 1년간의 체류기회를 제공해 주신
영국 엑시터 대학교 정치학과(Department of Politics, University of
Exeter), 그리고 그간 격려해 주신 은사님들과 동료들에게 다시 한
번 감사드린다.

춘천 옥천동 캠퍼스 연구실에서

저　자

|목 차|

서론 내각 · 대통령 · 정치안정

"[대통령제 국가의] 각료들은 단지 각료직을 갖고 있기 때문이 아니라 실질적으로 국정운영을 담당하고 있기 때문에 허깨비가 아니다(do not disappear into thin air)."[1]

내각은 국가공공정책의 수립과 집행의 주체로서 권력구조와 정치제도를 불문하고 통치권을 구체적으로 실현하는 정부(government)의 위상을 지닌다. 따라서 내각의 안정성은 곧 정책의 지속성과 효율성을 확보하기 위한 핵심적 요건이기 때문에, 통치구조의 안정성, 더 나아가 정치체제의 안정성과 직결된다. 즉, 브라운(E. Brown) · 프렌드라이즈(J. Frendreis) · 글라이버(D. Gleiber)의 주장과 같이 내각의 불안정은 국민의 요구에 효율적으로 대응하지 못하는 정부의 무능력을 반영한다고 볼 수 있으며, 이와 같은 정부의 무능력은 정치질서의 정통성 혹은 정치체제의 정당성에 대한 신뢰를 무너뜨리게 됨으로써 정치불안정을 초래하게 마련이다.[2]

이처럼 내각의 안정성과 효율성은 곧 정치체계의 수행능력(system performance)을 좌우한다고 말할 수 있다. 예컨대 알먼드(G. Almond)는 대통령 또는 내각을 중심으로 한 행정부가 공공정책의 결정 및 집행뿐만 아니라 그 기초가 되는 사회 내 분파이익의 집약이라는 측면에

---

1) Polsby, N., "Presidential Cabinet Making: Lessons for the Political System," *Political Science Quarterly*, 93(1978), pp.15-17.
2) Brown, E., Frendreis, J., and Gleiber, D., "An Event Approach to The Problem of Cabinet Stability," *Comparative Political Studies*, 17(1984), p.168.

서 정치체계의 핵심적 과정기능(process function)을 수행하고 있다고 지적하면서 행정부의 안정성과 정치체계의 안정성을 연결 짓고 있다.3) 또한 엑스타인(H. Eckstein) 역시 체계 내 안정성(intrasystem stability), 특히 정부의 안정성과 그에 따른 정책결정의 효율성이 확보될 때 민주주의 체계가 안정된다고 주장한다.4) 이와 같은 맥락에서 내각의 안정성을 곧 정치체계의 안정성을 측정하는 주요 지표의 하나로 간주해도 무방할 것이다. 이 책에서는 21개 국가들5)을 대상으로 한 교차사례적 비교분석(cross-cases comparative analysis)을 통해 대통령제 국가의 내각안정성을 결정하는 인자들을 추적할 수 있는 분석모형을 구축해 보기로 한다. 이러한 모형의 필요성과 의미는 다음과 같은 두 가지 측면에서 제시될 수 있다.

첫 번째로, 내각의 지속성과 안정성에 관한 기존의 연구들은 거의 획일적으로 의원내각제를 채택하고 있는 서유럽국가들을 대상으로 이루어져 왔으며, 따라서 연구의 범주가 지역적으로 제한되었을 뿐만 아니라 도출된 모형의 설명능력 역시 의원내각제라는 제도적 선행조건을 벗어나지 못하였다. 이에 따라 내각의 지속성과 안정성은

---

3) Almond, G., *Comparative Politics, System, Process, and Policy*(Boston : Little, Brown, 1978), pp.260-262.

4) Eckstein, H., *Division and Cohesion in Democracy*(Princeton, New Jersey : Princeton University Press, 1966), p.17.

5) 1990년 이후 대통령제를 채택하고 있는 세계의 모든 국가 가운데에서 대통령 선거방식, 실질적인 기능을 행사하는 의회의 존재 등을 포함하는 5개 척도에 따라 21개 국가를 연구대상으로 선정하였다. 선정된 국가는 아르헨티나, 볼리비아, 브라질, 콜롬비아, 코스타리카, 도미니카 공화국, 에콰도르, 엘살바도르, 과테말라, 온두라스, 멕시코, 니카라과, 파나마, 파라과이, 페루, 우루과이, 베네수엘라 등 17개 중남미 국가와 사이프러스, 스리랑카, 필리핀, 한국이다. 선정척도에 관해서는 제2부 제3장 1절 "연구의 대상과 범주"에 상세히 언급되어 있음.

마치 의원내각제를 채택하고 있는 국가에 있어서만 학문적·현실적 중요성을 지니는 것으로 오인될 가능성이 있다.

물론 대통령제하의 내각은 재임기간에 걸쳐 법적·제도적으로 보장된 대통령의 안정적 지위와 강력한 권력으로 인해 단순한 정책집행부서로서 간주되어 온 것이 사실이다. 즉, 이들은 "대통령의 피뢰침(避雷針)"[6]이라는 표현이 시사하는 바와 같이, 독자적인 정치적 위상을 갖추지 못한 보조적 국가관리기제(auxiliary governing apparatus)의 이미지를 벗어나지 못했던 것이 사실이다. 그러나 폴스비(N. Polsby)는 대통령이 취임 직후 내각을 구성할 때 각료들을 그의 국민적 지지기반 내지는 정치적 정당성의 근거가 되는 공약수행을 담당할 실질적·능동적인 주체로서 간주하기 때문에 내각의 정치적 의미가 매우 크다고 주장한다.[7] 또한 미국의 내각변동 양상을 추적한 코헨(J. Cohen)에 따르면, 빈번한 내각변동은 각료장관들의 효율적인 부처업무 파악과 조직관리를 저해함으로써 국정의 안정성을 저하시킨다. 다시 말해서, 내각의 급격한 변동은 부처 내 혹은 부처 간 상-하위 관료들의 원활한 업무연계(working relation)를 저해함으로써 효율적인 정책의 수립 및 집행을 어렵게 만들 뿐만 아니라, 각료들의 사임은 하위 내각(sub-cabinet)을 구성하고 있는 정무직 관료들의 이반을 야기하는 경우가 많다는 것이다. 즉, 정무직 관료들은 상관이 사임할 경우 동반 사임하는 경향을 보이기 때문에 내각 상위층의 불안정이 하위층의 불안정으로 이어질 가능성이 높을 뿐만 아니라, 빈번한 내각변동으로 야기되는 구조적 불안정은 정책조정이나 관리의 효율성을 저하시

---

6) Ellis, R., *Cabinet Members as Presidential Lightning Rod*(Ann Arbor, Michigan : U. M. I., 1989).
7) Ellis(1989), p.17.

킴으로써 행정부 자체의 이미지에 심각한 타격을 주게 된다. 요컨대 국민들은 각료의 빈번한 교체를 대통령의 행정부에 대한 통제력 상실, 혹은 행정부의 비능률성이 표출된 것으로 여기게 된다는 것이다.[8] 그러므로 대통령제 국가의 내각 역시 국가정책의 효율적인 수립·집행뿐만 아니라 통치질서 자체의 정당성과 이념적 성격을 유지함에 있어서 의원내각제 국가의 내각에 결코 뒤지지 않는 정치적 중요성을 지닌다고 볼 수 있다.

이처럼 대통령제하에서의 내각은 특정 국가에서 나타나는 대통령-의회-정당의 관계, 정치적 분절양상(political fractionalization), 민주화의 수준, 대통령에 대한 국민의 지지와 그에 기반을 둔 정권의 정당성 등 다양한 요인에 따라 정치적·정책적 안정에 심대한 영향을 미치는 핵심적 위치를 차지하고 있다. 그러나 이와 관련된 연구는 국내외를 불문하고 거의 발견되지 않고 있으며, 따라서 대통령제하에서의 내각 역동성(cabinet dynamics)은 정치학 연구에 있어서 반드시 다루어져야 할 학문적 실용성과 필요성을 충분히 지니고 있다. 예컨대 폴스비는 대통령제하에서의 내각을 살펴보면 대통령이 의도하는 국정운영의 방향에 대한 실마리를 찾을 수 있다고 주장한다. 즉, 내각의 구성과 그 변동양태를 추적함으로써 대통령이 국가를 관리하는 기본 입장에 대한 증거(evidence)를 탐색해 낼 수 있다는 것이다.[9]

두 번째로, 지금까지 이루어져 온 대부분의 정치안정 연구는 정치체제, 권력 엘리트, 혹은 특정 정책의 정당성에 도전하는 대중의 집

---

8) Cohen, J., "On the Tenure of Appointive Political Executives: The American Cabinet, 1952~1984," *American Journal of Political Science*, 31:3(1986), p.508.
9) Polsby(1978), p.15.

단행위, 즉 대정부 항거시위(mass protest)의 발생양태에 분석의 초점을 제한하여 왔다.10) 물론 이러한 연구들은 나름대로 상당한 이론적 정교성과 상호축적성을 달성하는 데에는 성공하였으나, 정치안정의 또 다른 핵심적 측면인 통치집단 자체의 구조적 안정성을 연구의 범주에 포함시키지 못했다는 문제점을 갖고 있다. 즉, 통치집단의 급격한 변동과 전환이라는 측면에서 쿠데타 연구가 이루어졌으나, 이역시 권력 엘리트의 비정상적이며 탈제도적인 교체양상을 연구대상으로 삼고 있을 뿐 통치집단 구성원의 적법한 교체로 야기될 수 있는 구조적 안정성의 변화는 다루고 있지 못하다. 특히 대통령제 국가의 정치안정 연구는 위에서 지적한 바와 같이 강력하고도 광범위한 권력을 거의 독자적으로 행사하는 대통령의 임기가 헌정질서를 통해 보장되고 있다는 측면에서, 대통령을 제외한 통치집단 구성원의 변화에 따른 구조적 · 정책적 불안정성과 유동성을 도외시하는 가운데 대중항거시위의 확산성, 강도, 지속성 등을 통해 체제의 안정성을 우회적으로 측정하려 시도하여 왔다. 따라서 대통령제 국가의 내각안정성 연구는 기존의 정치안정 연구가 나타내는 분석맥락의 편협성과 한계를 극복할 수 있는 이론적 · 방법론적 단초를 마련해 줄 수 있을 것이다.

그럼에도 불구하고, 내각의 안정성과 지속성에 관한 경험적 연구는 앞서 지적한 바와 같이 의원내각제를 채택하고 있는 서유럽국가들을 대상으로 이루어져 왔으며, 대통령제하에서의 내각안정성에 관한 이론적 · 경험적 연구는 국내외를 막론하고 거의 이루어져 있지 않다. 즉, 구미의 경우 블롱들(J. Blondel),11) 테일러와 허만(M. Taylor

---

10) 이러한 연구의 경향에 관해서는 제1부 제1장 '정치안정연구'에 요약되어 있음.

14

and V. Herman),[12] 샌더스와 허만(D. Sanders and V. Herman),[13] 도드(L. Dodd),[14] 워릭(P. Warwick),[15] 포우웰(G. Powell),[16] 레이프하트(A. Lijphart)[17] 등을 중심으로 의원내각제하에서의 내각안정성에 관한 연구가 방대하게 전개되었으나, 이와 유사한 국내의 경험적 연구는 전무한 실정이다. 즉, 2006년 현재 내각에 관련된 연구는 정치학 분야의 대표적 학술지인 『한국정치학회보』와 『국제정치논총』을 통틀어 내각의 형성과정을 다룬 박찬욱의 연구를 제외하고는 발견되지 않고 있으며,[18] 이 책의 연구주제와 동일한 대통령제하에서의 내각안정성이나 지속성에 관한 연구논문이나 저서는 저자가 작성한 세편을 제외하고는 단 한 편도 발표되지 않았다.[19] 또한 대부분

---

11) Blondel, J., "Party Systems and Pattern of Government in Western Democracies," *Canadian Journal of Political Science*, 1(1968), pp.180-203.

12) Taylor, M. and Herman, V., "Party Systems and Government Stability," *American Political Science Review*, 65(1971), pp.28-37.

13) Sanders, D. and Herman, V., "The Stability and Survival of Governments in Western Democracies," *Acta Politica*, 12(1977), pp.346-377.

14) Dodd, L., *Coalitions in Parliamentary Governments*(Princeton, New Jersey: Princeton University Press, 1976).

15) Warwick, P., "Durability of Coalition Governments in Parliamentary Democracies," *Comparative Political Studies*, 11(1979), pp.465-498.

16) Powell, G., *Contemporary Democracies: Participation, Stability and Violence*(Cambridge, Massachusetts: Harvard University Press, 1982).

17) Lijphart, A., *Democracies: Patterns of Majoritarian and Consensus Government in Twenty-One Countries*(New Haven, Connecticut: Yale University Press, 1984a).

18) 박찬욱, "내각구성에 관한 이론과 실제: 서구 의회민주주의 국가를 중심으로," 『국제정치논총』, 제33집 2호(1993), pp.265-294. 한편 여타 학술지에 게재된 논문으로서는 내각의 정치적 순환주기에 관한 이은국의 연구가 발견된다. 이은국, "정치순환주기 I: 기회주의적 내각가설의 로지트·프로비트 분석," 『연세대사회과학논집』, 제25권(1994), pp.151-175.

의 내각에 관한 연구나 석·박사학위논문들은 대통령제와 의원내각제의 제도적 특성, 혹은 '장·단점'에 관한 개설적 논의를 벗어나지 못하고 있을 뿐이며, 외국문헌의 본격적인 소개 역시 신명순·조정관이 번역한 『내각제와 대통령제』(1995)[20]와 조해경이 번역한 『내각제 대 대통령제』(1999)[21] 이외에 찾아보기 힘들다. 한편 행정학 분야에서는 내각구성 양상의 분석을 통해 대통령의 인사 스타일과 정국운영 방향 및 정부의 정책관리능력을 파악할 수 있다는 전제하에 내각의 인선내용을 고찰한 박경효의 연구와,[22] 정책결정과정에서 정치적 피임명자(장·차관)와 고위직업관료들이 차지하는 중요성에도 불구하고 이들에 관한 연구가 도외시되었음을 지적하면서 양 집단의 정책성향 및 그 상호관계를 경험적으로 분석한 박천오의 논문[23]이 발견되고 있다. 그러나 이들은 내각안정성이나 지속성에 직접적으로 관련된 연구라기보다는 내각이 행정부에서 차지하는 중요성과 내각의 정책 수립·집행에 있어서 고위관료들의 지지와 협력의

---

19) 김지희, "내각안정성의 정치·경제적 인자에 관한 경험적 탐색: 21개 대통령제 국가를 중심으로," 『한국정치학회보』, 제33집 4호(1999), pp.221-241; 김지희, "내각안정성의 측정지표에 대한 재성찰: 대통령제 국가 연구에 있어서의 적실성," 『국제지역연구』, 제4권 제2호(2000), pp.117-133; 김지희, "민주주의 체제의 안정성: 내각안정성 연구의 이론적·방법론적 맥락과 정향," 김웅진 외, 『비교민주주의: 분석모형과 측정지표』(서울: 한국외국어대학교 출판부, 2005).
20) 린쯔·바렌주엘라(신명순·조정관 공역), 『내각제와 대통령제』(서울: 나남, 1995).
21) 아렌드 라이파아트(조해경 옮김), 『내각제 대 대통령제』(서울: 이진, 1999).
22) 박경효, "김영삼정부의 장·차관(급) 충원정책: 국정지도력, 전문성 그리고 대표성," 『한국행정학보』, 제29권 2호(1995), pp.487-501.
23) 박천오, "한국에서의 정치적 피임명자와 고위직업관료의 정책성향과 상호관계," 『한국행정학보』, 제27권 4호(1993), pp.1121-1138.

필요성을 강조한 연구라고 볼 수 있다. 그런데 이러한 연구 중에서 박찬욱은 "(내각의 구성에 관한 연구 이외에도) 각료가 담당하는 주무직책(portfolio)의 배분, 내각의 존속기간과 안정여부, 내각의 유형이나 이념적 성격이 정책수행에 미치는 영향 등 중요한 연구문제가 많으며, 이것의 각각에 대한 이론화와 검증도 요구된다"고 주장하면서, "한국정치에서 통치권력의 구조를 대통령제로 할 것인가 아니면 의회제로 할 것인가에 대한 논쟁이 부단히 제기되어 왔음에도 불구하고, 놀랍게도 내각현상에 대한 다각도의 학문적 천착이 이루어지지 않았다"고 지적하고 있다.24) 결국 내각의 안정성과 지속성은 그 현실적 중요성에도 불구하고 국내 학자들이 거의 다루지 않았거나 도외시한 연구영역이라고 말할 수 있다.

---

24) 박찬욱(1993), p.294에서 인용.

제1부

내각안정성 연구의 이론적 배경

제1장 정치안정 연구

허위츠(L. Hurwitz)가 지적한 바와 같이, 정치안정(political stability)이라는 개념은 "정치학 연구의 개념정의, 조작정의 및 측정에 있어서 나타나는 혼란을 극명히 보여주는 사례"[25]라고 말할 수 있다. 이러한 개념정의의 산만성과 다양성에 따라 기존의 정치안정 연구 역시 반정부 시위(anti-government demonstrations)의 확산양상, 정당한 정치적 질서 내지는 정부의 지속성, 체제에 대한 국민적 용인과 지지 등 매우 다양한 측면을 중심으로 이루어져 왔으나, 크게 보아 ① 정치체제의 구조적 변동(structural change), ② 체제의 정당성에 대한 도전, 혹은 정당한 헌정질서의 존재(existence of a legitimate constitutional order) 여부라는 두 가지의 분석맥락을 발견할 수 있다.

제1절 정치체제의 구조적 변동

첫 번째로, 정치체제의 구조적 변동이라는 맥락에서 이루어진 연구들은 체제 내에 심각한 구조적 변화가 존재하지 않거나 또는 구조적 변화의 압력을 극복할 수 있는 능력이 확보된 상황을 정치안정으로 규정한 엑스타인(H. Eckstein)의 견해[26]에 입각하여, 주로 정부의

---

25) Hurwitz, L., "Contemporary Approaches to Political Stability," *Comparative Political Studies*, 5(1973), p.449.

26) Eckstein, H., *Division and Cohesion in Democracy*(Princeton, New Jersey: Princeton University Press, 1966), p.16.

지속성과 내구성(governmental longevity/endurance), 그리고 구조적 변화의 존재여부(presence/absence of structural change)에 초점을 맞추고 있다.

이 가운데에서 우선 정치안정을 정부의 수명(지속성)으로 측정한 연구들은 정부 내지는 내각의 평균 존속기간이 상대적으로 긴 국가들은 그렇지 못한 국가들에 비해 보다 안정적이라고 주장한다. 예로서 이태리, 핀란드, 혹은 프랑스 제4공화국에서 나타난 것과 같은 내각의 빈번한 붕괴와 교체는 정치불안정의 수준을 측정함에 있어서 타당한 지표가 된다는 것으로서, 러셋의 행정부 안정성(executive stability) 연구,[27] 블롱들,[28] 테일러와 허만의 내각지속성 연구,[29] 뱅크스(A. Banks)와 텍스터(R. Textor)의 115개국 안정심도 분류[30] 등이 이러한 연구에 포함된다.

다음으로 정치체계(political system)의 구조적 변동을 통해 정치안정을 파악하고자 한 연구들은, 알먼드의 구조·기능적 시각[31]에 따라 환경으로부터의 압력에 효율적으로 대응함으로써 기본적인 구조적 유형(structural pattern)을 장기간 유지하여 온 체계(즉 구조적 분화를 성공적으로 달성한 체계)를 안정적인 체계로서 간주하고 있다. 예로서 에이키(C. Ake)는 정치안정을 "정치적 교환의 규칙적인 흐름(the regularity of political exchange)"으로 규정함으로써, 사회

---

27) Russett, M., *et al.*, *World Handbook of Political and Social Indicators* (New Haven and London: Yale University Press, 1964).
28) Blondel(1968).
29) Taylor and Herman(1971).
30) Banks, A. and Textor, R., *A Cross-Polity Survey*(Cambridge, Massachusetts: MIT Press, 1963).
31) Almond, G. and Powell, G., *Comparative Politics: System, Process, and Policy*(Boston: Little Brown, 1978).

구성원들의 행태유형이 체계 내에서 기대된 정치적 역할(political role expectation)의 한계를 벗어나지 않을 때 안정이 달성될 수 있다고 주장한다.[32] 한편 필드(G. Lowell Field)는 정치권력의 배분과정에서 나타나는 제도적 안정성을 정치안정의 보편적 기준으로 간주하는 가운데, 이와 같은 제도적 안정성이 다른 헌정질서를 형성·유지하기 위해 필요한 선행조건이 된다고 강조하고 있다.[33]

제2절 체제의 정당성에 대한 도전

이러한 맥락은 지금까지의 정치안정 연구에 있어서 가장 흔히 채택된 것으로서 체제의 정당성을 중심으로 한 정치세력 간의 갈등이나 폭력적인 행위가 존재하지 않는 상태를 정치안정으로 간주하고 있다. 즉, 안정적인 정체(polity)란 정책결정이나 정치사회의 구조적 변화가 제도화된 합법적 절차를 통해 이루어지는 정체를 의미하며, 따라서 폭력적인 방법을 통한 통치기구의 전복, 혹은 전복시도는 불안정의 핵심적 증거로서 간주된다.

체제의 정당성을 중심으로 이루어진 연구는 범주와 양에 있어서 말 그대로 방대한데, 가장 대표적인 예로서는 74개국을 대상으로 "살인이나 처형의 경우를 제외하고 국내의 모든 형태의 시민폭력으로 사망한 사람의 수"를 측정한 러셋의 연구,[34] 체제 내 개인과 사

---

32) Ake, C., "A Definition of Political Stability," *Comparative Politics*, 7 (1975), p.273 참조.

33) Field, G., *Comparative Political Development: The Precedent of The West*(London: Routledge and Kegan Paul, 1967), Hurwitz(1973), p.458 에서 재인용.

회집단들이 여타 집단이나 공직자 집단(complex of officeholders)에 가한 직접적 공격의 양과 심도, 또 역으로 정부가 개인이나 사회집단들에 가한 공격양상을 통해 정치안정의 심도를 측정하기 위해 84개국에서 7년 동안(1955-1961) 나타난 내부 갈등행위를 분석한 파이어라벤드(I. Feierabend)와 파이어라벤드(R. Feierabend)의 연구,[35] 1961년부터 1963년까지 119개국에서 발생한 시민폭력의 존속기간·확산성(pervasiveness)·강도(intensity)·범주(amplitude)와 이를 통합한 종합심도(total magnitude)를 측정한 거(T. Gurr)와 루텐버그(C. Ruttenberg)의 연구[36] 등이 이에 포함된다. 1955년부터 1957년까지 3년 동안 77개국을 대상으로 파업·시위(demonstration)·폭동(riot)·게릴라전(guerrilla war)·숙청(purge)·암살·혁명 등 내부적 갈등의 유형을 분리하여 정치적 안정도를 규명한 럼멜(R. Rummel)의 시도[37] 또한 같은 유형의 연구라고 말할 수 있다.

　한편 일부 학자들은 정치체제가 국민에 의해 적절한 것으로, 혹은 옳은 것으로 받아들여지는 상황, 즉 체제의 정치적 정당성이 확보된 상황(정당한 헌정질서가 존재하는 상황)을 정치안정과 동일시하고

---

34) Russett, B., "Deaths from Domestic Group Violence per 1,000,000 Population, 1950-1962," Russett, M., et al., *World Handbook of Political and Social Indicators*(New Haven and London: Yale University Press, 1964), pp.97-100.
35) Feierabend, I. and Feierabend, R., "Aggressive Behaviors Within Polities, 1948-1962: A Cross-National Study," *Journal of Conflict Resolution*, 10 (1966), pp.249-271.
36) Gurr, T. and Ruttenberg, C., "The Conditions of Civil Violence: First Tests of a Causal Model," *Macro Quantitative Analysis*(Beverly Hills, California: Sage Publications, 1971) pp.187-215.
37) Rummel, R., "Dimensions of Conflict Behavior Within and Between Nations," *General Systems*, 8(1963), pp.1-50.

있다. 그런데 이러한 학자들은 체제에 대한 부정적인 태도와 행위가 존재하지 않는 상황을 정치안정으로 간주하기보다는, 적극적인 측면에서 긍정적인 지지와 용인이 존재하는 상황을 안정적인 것으로 본다. 예를 들어 립셋(S. Lipset)은 안정된 사회는 과거 25년 동안 민주적 "게임의 규칙"을 거부하는 심각한 정치운동[38]이 없는 사회이어야 한다고 주장하면서, 연구대상으로 삼은 48개국 가운데에서 13개국을 안정적인 민주주의 국가로 규정하였다.[39] 또한 니들러(M. Needler)는 라틴 아메리카 20개국 정부의 정치적 안정성을 연구하는 가운데 어떤 국가가 얼마나 오랫동안 입헌적으로 통치되어왔는가를 정통성의 정도로 간주하고 있다. 즉, 그는 정부가 국민에 의한 자유로운 선거에 의해 구성되고, 시민적 자유와 입헌적 절차를 존중하는 가운데 쿠데타와 같은 초헌법적 변화에 의해 교체됨이 없이 최소한 6개월 이상 존속할 때 정통성과 안정성을 확보한 것으로 간주하고 있다.[40] 이 책에서는 위에서 살펴본 두 가지 맥락 가운데에서 정치체제의 구조적 변동양상에 초점을 맞추어, 정치안정을 정부(내각)의 안정성(지속성)으로 규정한다. 내각안정성의 명확한 정의 및 측정지표에 관해서는 제2부에서 상세히 언급하기로 한다.

---

38) 또 그는 정치적 운동들이란 그 기간 동안에 전체주의 운동, 혹은 공산주의건 파시스트 운동이건 투표에서 최소한 20%를 차지하는 것으로 정의 내렸다. 립셋은 유럽의 경우 이 기간 동안 공산주의 혹은 파시스트 세력이 투표의 20% 이상을 획득하지 못했기 때문에 안정적인 민주주의로 간주한다.

39) Lipset, S., "Some Social Requisites of Democracy: Economic Development and Political Legitimacy," *American Political Science Review*, 53(1959), pp.69-109. Hurwitz(1973), pp.455-456에서 재인용.

40) Needler, M., "Political Development and Socioeconomic Development: The Case of Latin America," *American Political Science Review*, 62(1968) p.891.

제2장 내각안정성 연구

내각의 안정성[41]에 관한 기존 연구들은 안정성을 주로 하나의 내각이 의원내각제하에서 권력을 유지하여 온 기간, 즉 권력유지의 시간적 지속성(continuity)과 동일한 것으로 간주하여 왔다. 기실 어떤 내각이 여타 내각에 비해 상대적으로 더 큰 지속성을 보인다는 사실은 매우 중요한 의미를 가진다고 볼 수 있다. 왜냐하면 이러한 지속성은 바로 내각이 지닌 정책결정과 집행상의 효율성, 더 나아가 정치체제 자체의 안정성을 시사해 주는 지표가 되기 때문이다.[42] 다시 말해서, 지속성은 단순한 내각의 수명뿐만 아니라 정치체제 자체의 생존능력(survivability)과 견고성을 보여주는 척도라고 말할 수 있다. 이러한 맥락에서, 레이프하트[43]는 높은 지속성을 나타내는 내각을 가진 영국 의회민주주의 체제와 내각의 임기가 대단히 짧은, 즉, 내각이 수시로 바뀌어 온 프랑스 제4공화국 체제의 비교는 체제생존능력을 견주어 볼 수 있는 좋은 사례가 된다고 지적하고 있다. 또한 블롱들[44]은 제2차 세계대전 이후 전 세계에 걸쳐 정부의 역할과 위상이 확대되면서 국민들은 그들의 욕구를 충족시켜 줄 수 있는 강력한 정부를 기대하게 되었다고 주장한다. 그리고 모든 국가의 각료들(ministers)은 비록

---

41) 보통 내각안정성이라 언급되지만, 때때로 cabinet duration, cabinet durability, cabinet endurance, cabinet longevity, 혹은 cabinet survival 로 불리어지기도 한다.

42) 제1장 제1절을 참조할 것.

43) Lijphart, A., "A Note on the Meaning of Cabinet Durability," *Comparative Political Studies* 17(1984b), pp.163-166.

44) Blondel, J., *Government Ministers in the Contemporary World*(London: Sage Publications, 1984).

체제성립의 사회경제적·역사적 배경에 따라 다소 차이가 있을지라도 거의 대부분 국민의 요구를 충족시킬 수 있는 정책을 수립·집행하는 역할을 담당하고 있기 때문에, 이들의 재임 지속성은 곧 정책의 지속성에 영향을 미치게 되고, 더 나아가 정치체계의 안정성에 영향을 주게 된다는 것이다.[45] 따라서 각료들의 빈번한 교체는 곧 정부의 정책수행도가 하락함을 시사해 주며, 각료들의 임기가 나타내는 지속성은 일반적으로 "좋은 정부의 지표(an indicator of 'good' government)"[46]로 간주될 수 있다고 본다. 이와 같은 내각안정성에 대한 연구는 크게 보아 ① 내각안정성의 결정인자들을 도출하기 위한 연구, ② 내각안정성을 어떻게 측정할 것인가, 즉 무엇을 안정성의 지표로 간주할 것인가에 관한 연구로 나누어진다.

제1절 내각안정성의 결정인자

이러한 연구들은 내각의 안정성이 민주정부의 안정성과 연결된다는 점에서 그 수준을 결정하는 정치·경제·사회문화적 조건들을 탐색하는 데 초점을 맞추고 있다. 즉, 내각의 불안정을 초래하는 요인

---

45) Blondel(1984), pp.1-6.
46) Blondel(1984), p.263. 그러나 그는 일본은 예외적인 경우에 해당된다고 밝히고 있다. 또한 그는 이와 같은 지속성과 아울러 각료들의 업무에 대한 전문성(specialization)과 다른 직책으로의 이동성(mobility)등 세 가지의 척도를 이용하여 각료직(ministerial profession)을 유형화하려 시도하였다. 예를 들어 대통령제의 경우에는 대통령이 전문성에 따라 각료를 임명하기 때문에, 다른 직책으로의 이동성은 의원내각제에 비해 상대적으로 떨어진다는 것이다. 물론 각료들의 지속성이 낮을 경우에는 이동성 역시 낮아진다. Blondel(1984), pp.262-269.

을 추적할 수 있다면 민주정부에 대한 위협을 성공적으로 막아낼 수 있거나 제어할 수 있다는 것이다.[47] 이러한 맥락에서 진행되어 온 연구들을 요약해 보면 다음과 같다.

1. 정당제도[48]

내각안정성의 원인을 도출하기 위한 초기의 시도는 이른바 '로우웰 명제(Lowell Thesis)'를 수용하여 정치제도나 민주정부의 구조적 성격, 특히 그중에서도 정당제도의 규모와 복잡성(complexity)에 초점을 맞추고 있었다. 즉, 로우웰은 정부 또는 내각이 단일정당에 의해 구성되고, 야당 역시 단일정당으로 구성되는 양당제에 입각한 정부가 가장 바람직한 정부형태라고 주장한 바 있다. 보다 구체적으로 말하자면, 다당제(multipartism)하의 의회에서는 행정부를 효율적으로 통제할 수 있는 다수당(majority party)이 출현하기가 어렵기 때문에 의회 내 다수파를 구성하기 위한 정당연합이 필연적으로 요구되는데, 이러한 연합상황하에서는 정부가 정책을 효율적으로 수행할 수 없다는 것이다.[49]

이와 같은 로우웰의 주장은 브라이스(J. Bryce)[50]나 라스

---

47) Brown, Frendreis, and Gleiber(1984), p.168 참조.

48) 이 부분의 논의는 Dodd(1976), pp.6-16에 나타난 견해를 상당부분 참조하되, 언급된 논문과 저서들을 모두 추적하여 재검토한 것임.

49) 즉, 이러한 상황하에서는 다양한 목적을 지닌 연합 당사자들 간에 지속직인 협상과 질충이 필요하기 때문에, (소수파)연합 내각들은 단일정당에 의해 구성된 다수파정부(single party majority governments)보다 지속성이 짧을 뿐만 아니라 더 극단적인 보수주의적(현상유지적) 경향을 띠게 된다는 것이다. Lowell, A., *Governments and Parties in Continental Europe, Vol.1*(Cambridge, Massachusetts: Harvard University Press, 1896), pp.73-74. Dodd(1976), pp.7-8에서 재인용.

키(H. Laski)[51]와 같은 고전적 제도론자들에 의해 계승되었으며, 최근에 이르러서는 뒤베르제(M. Duverger)와 블롱들에 의해 뒷받침되었다. 즉, 뒤베르제는 "다수당이 존재하지 않을 때에는 정당연합, 혹은 소수파에 의해 이질적인(heterogeneous) 내각이 구성되며," 이러한 경우 "정부의 국정 프로그램은 오래 지속되지 못하고, 목표에 있어서 제한을 받을 뿐 아니라, 매우 미온적으로 추진"된다고 지적하면서 다당제야말로 정부를 취약하게 만드는 근본적 원인이라고 주장한다. 즉, "양당제하에서는 예외적이고 거의 일어나지 않는 내각의 붕괴현상이 다당제하에서는 빈번히 발생한다"는 것이다.[52]

블롱들 또한 의원내각제하에서 정부(내각)의 구조적 안정성은 "정당체계의 유형에 따라 영향을 받는 것이 명백하다(unquestionably influenced by the type of party system)"고 주장하면서, "양당제를 채택하고 있는 국가들의 내각지속성이 가장 크다(the longest duration can be found in two-party systems)"는 경험적 근거를 제시하고 있다.[53] 그에 따르면, 이러한 현상은 ① 내각제는 두 정당 간의 '정면충

---

50) 브라이스는 "……정당연합에 의해 형성된 정부는 대개 취약하다. 그 이유는 단지 연합이 불안정하기 때문이 아니라, 서로 다른 신조를 지닌 사람들은 의견의 일치를 이루기가 어렵고, 따라서 만족스럽지 못한 타협을 끌어낼 공산이 높기 때문이다. [다당제 의회 내에서 각각의 정당들은] 음모의 산실이 된다. [정당들은] 다른 정당들과의 협상과 급작스럽고도 비밀스러운 연합을 통해 입법과정의 진전과 국가정책의 지속성을 저해한다……"고 지적하고 있다. Bryce, J., *Modern Democracies, Vol.1*(New York: Macmillan, 1921/Reprinted in 1981), p.121.
51) 라스키 역시 안정적인 정부가 되기 위해서는 다수파에 의해 뒷받침되는 정치체계(majority political system)가 요구된다고 역설하고 있다. Laski, H., *Parliamentary Government in England*(New York: The Viking Press, 1938).
52) Duverger, M., *Political Parties*(London: Methuen and Co., 1972), pp.407-408.

돌(a strait-clash)' 체계이며, ② 단일 정당에 의해 구성된 내각이 그렇지 않은 내각에 비해 보다 강하다는 두 가지 요인이 상호작용 함으로써 나타난 것인데, 이러한 요인들의 상대적인 영향력을 비교해 볼 때 양당제가 존재한다는 점보다는 내각이 단일정당에 의해 구성되어 있다는 점이 정부의 안정성을 보장해 주는 결정적 인자가 된다는 것이다.[54]

2. 정치세력의 연합양상[55]

이른바 합리적 선택이론(rational choice theories)에 따라 정당 간의 연합행위(coalition behavior)를 통해 내각의 안정성을 분석한 형식적 연구(formal analysis)들은 대부분 라이커(W. Riker)의 최소승자연합(minimal-winning coalition) 명제를 기반으로 삼고 있다.[56] 보다 구체적으로 살펴보면, 우선 내각의 안정성은 일반적으로 두 단계의 과정(two-stage process)을 통해 결정되는 것으로 간주된다. 즉, 첫 번째로는 통치연합(governing coalition)의 특성으로부터 직접적인

---

53) Blondel(1968), p.198.

54) Blondel(1968), p.199.

55) 여기에서는 앞서 인용한 브라운 · 프렌드라이즈 · 글라이버(1984)의 글에 나타난 논의를 상당부분 수용하였으며, 앞서 "정당 제도"와 마찬가지로 언급된 연구논문과 저서들을 모두 추적, 재검토하였다.

56) Riker, W., *The Theory of Political Coalitions*(New Haven, Connecticut: Yale University Press, 1962). 이러한 연합은 최소한의 결정규칙을 만족시키는 데 충분한 구성원만을 포함하지, 그 이상은 포함시키지 않는다는 것이다. 즉, 연합을 통해 승리하였을 경우 연합의 파트너들은 연합으로 획득한 이익을 분배하는 데 있어서, 승리하는 데에 불필요한 구성원을 연합에 포함시킴으로써 자기들의 이익을 희석시키려 하지 않기 때문에, 최소규모의 승자연합을 구성한다는 것이다.

영향을 받으며, 다음 단계로서 의회 내의 정당체계에 의해 영향을 받는다는 것이다.[57]

우선 통치연합의 속성에 관한 연구들을 살펴보면, 악셀로드(R. Axelrod)[58]는 이태리에 있어서 최소연계승자(minimal connected winning) 내각이 다른 형태의 내각들보다 더 안정적임을 발견하였으며, 라버(M. Laver),[59] 도드,[60] 워릭[61] 등도 역시 최소승자연합에 기초한 내각들이 가장 안정적이며 지속성이 크다고 주장하였다.

도드는 어떤 내각이 그 구성정당의 변화 없이 얼마나 오래 존속하는가를 내각지속성으로 간주하여 이를 의회 내 정당체계와 연관된 세 가지 변인들, 즉 분절도·안정성·정치적 균열에 따른 갈등과 내각의 연합상태를 이용하여 설명하고자 하였으며, 그 결과 최소승자 내각이 과대규모 내각(oversized cabinet)이나 소수 내각보다 더 지

---

57) Warwick(1979), p.469.

58) 악셀로드에 의하면, 그들이 속한 연합에 내에서 이해의 갈등을 줄이려는 합리적 행위자들은 ① 결정규칙을 만족하기에 충분한 파트너를 가지는 승자(winning), ② 적절한 선호의 영역에 근접한 행위자만을 포함하는 연계(connected), ③ 연합의 파트너로 승리할 수 있는 기점을 넘어선, 선호의 범위 밖에 있는 파트너는 포함하지 않는 최소(minimal)연합을 형성할 것으로 예견하였다. Axelrod, R., *Conflict of Interest*(Chicago: Markham, 1970).

59) Laver, M., "Dynamic Factors in Government Coalition Formation," *European Journal of Political Research*, 2(1974), pp.259-270. Warwick (1979), p.472-474에서 재인용.

60) 도드는 내각의 형태를 ① 의회 내 다수파를 유지하는 데 필요한 정당만을 포함하는 내각인 최소승자(minimal winning) 내각, ② 하나 이상의 불필요한 정당을 포함하는 과대규모(oversized 혹은 greater-than-minimum winning) 내각, 그리고 ③ 소수파 내각(minority cabinet)과 동일한 의미를 가지는 과소규모(undersized 혹은 less-than-minimum winning) 내각 등 세 가지로 구분하고 있다. Dodd(1976), pp.17-18.

61) Warwick(1979).

속적임을 발견하였다. 따라서 그는 "내각의 지속성은 내각 내 연합상황(coalitional status)에 의해 결정되며,[62] 이러한 연합상황은 부분적으로나마 의회 내 정당체계에 의해 영향을 받기 때문에 내각지속성은 정당체계의 간접적인 소산"이라고 주장한다.[63] 이에 따라 그는 연합상황을 내각지속성을 결정하는 제1차적인 인자로 간주하면서, 내각지속성과 정당체계의 특성들 사이에 나타나는 간접적인 관계를 규명하였다. 즉, 지속성이 보다 큰 내각은 "안정적이며 분극되지 않은(depolarized), 혹은 안정적이면서도 분극된 다원주의체제" 속에서 발견되는 반면, 지속성이 짧은 내각은 "불안정하고 분극되지 않은 극단적 다원주의(hyperpluralism), 또는 불안정하고 분극화된 극단적 다원주의"라는 조건하에서 형성된다는 것이다.[64]

한편 워릭은 9개 의원내각제 국가들에 대한 경험적 연구를 통해 내각지속성의 변이 가운데 약 절반 정도가 ① 다수파 내각으로서의 위상(cabinet majority status), ② 내각을 구성하고 있는 정당의 수(number of governing parties), ③ 최소승자연합으로서의 위상(minimal-winning status)과, ④ 내각 구성원들 간의 이념적 분열양상(ideological diversity) 등 네 가지 독립변인들에 의해 설명될 수 있다는 사실을 발견하였다.[65] 그런데 이러한 독립변인들 중에서 ①, ②, ③의 영향력은 이미 다른 학자들에 의해 확인된 바 있지만, 각료들 간의 이념적인 분산이 중요한 요인이 된다는 경험적 근거를 얻은 학자는 워릭뿐이다. 즉, 그는 "⋯⋯내각 내의 이념적 다양성은 내각의 지속성에 중요한 영향을 준다는 것이 밝혀졌다⋯⋯[이러한 통계

---

62) 즉, 최소승자연합으로부터 얼마나 벗어났는가에 따라 결정됨.
63) Dodd(1976), pp.142-143.
64) Dodd(1976), p.143.
65) Warwick(1979), pp.465-498, 특히 pp.469-474.

적 증거는] 내각의 지속성이라는 측면에서 볼 때 정치적 균열양상 (political cleavages)이 유럽 정당체계의 가장 중요한 특색이라는 점을 시사"해 준다고 말하면서, 더 이상 게임이론만으로 연합 행태를 설명할 수는 없다고 주장하고 있다.[66]

또한 워릭은 서유럽 내각제 국가들의 경우 연합 내각의 이념적 성향과 연합 내각을 구성하고 있는 정당들의 이념적 성향 간에 의미 있는 상관관계가 거의 존재하지 않는다는 기존 연구들에 대한 최근의 반론을 통해 내각 내 이념적 다양성의 중요성을 다시 한 번 강조하고 있다.[67]

다음 단계로서, 의회 내 정당체계양상을 이용해 내각안정성을 설명하려 한 대표적 학자들로서는 샌더스 · 허만과 테일러 · 허만을 들 수 있다. 우선 샌더스와 허만은 다수파 내각이 소수파 내각보다 지속성이 크다고 강조하면서, 이러한 '정부의 생존(governmental survival)'을 결정하는 가장 중요한 요인들로서 부정적인 영향을 미치는 ① 반체제 정당(antisystem parties)의 규모와, 긍정적 영향을 주는 ② 정부 내 다수파/소수파의 입지(the majority/minority status of the government), ③ 내각구성에 참여한 정당의 수(the number of parties in the government), ④ 의석수로 본 정부의 규모(the size of government in seats) 등 네 가지를 들고 있다. 그리고 이러한 네 가지 변인들이 영향력이 통제되었을 때, "의회의 분절과 변이양상 (fractionalization and variance), 야당과 내각의 분절과 변이양상, 친체제 정당(prosystem parties)의 분절양상, 내각 내 연합양태와 같은

---

66) Warwick(1979), p.490 참조.
67) Warwick, P., "Coalition Policy in Parliamentary Democracies, Who Gets How Much and Why," *Comparative Political Studies*, 34: 10(2001), pp.1212-1236.

척도들은 더 이상 의미 있는 파라미터가 될 수 없다"고 주장하였다.[68]

또한 테일러와 허만[69]은 제2차 세계대전 이후 자유선거를 통해 정부를 수립한 이래 1969년 1월 1일까지 경쟁적 선거를 통해 중단 없는 의회정치를 유지하여 온 196개 정부를 대상으로 정당체계의 수적 분절구조와 정당 간의 이념적 균열이 내각의 안정성을 결정하는 핵심적 인자임을 경험적으로 입증하려 시도하였으며, 다음과 같은 결론을 이끌어 내었다.

첫째, 반체제 정당에 의해 점유되고 있는 의석수가 내각의 안정성을 결정해 주는 '최적의 유일한 지표(the best single indicator)'가 된다. 둘째, 내각안정성의 변이는 반체제 정당의 규모와 내각의 분절도라는 두 변인의 복합적인 효과와 선형적 관계를 유지한다. 셋째, 친체제 정당의 분절도가 내각의 안정에 심각한 영향을 준다. 마지막으로, 내각의 안정성은 반체제 정당의 규모와 친체제 정당 분절도의 복합적·선형적 효과로서 설명될 수 있다는 것이다.

한편 김동훈(D. Kim)과 로웬버그(G. Loewenberg)는 1961년 아데나워(K. Adenauer) 정부로부터 1998년 콜(H. Kohl) 정부에 이르기까지 각료, 하위각료(junior ministers)와 의회(Bundestag) 상임위원회 위원장들의 소속정당을 추적함으로써, 독일의 연합정당들이 각 정당에 소속된 각료들을 상호 감시(monitor)할 수 있는 방식으로 상임위원장직을 배분하였다는 점을 발견하였다. 그리고 이러한 상임위원장직 배분은 하위각료들을 통한 행정부 차원의 정당 간 상호 모니터링에 상응하는, 입법부 차원의 대안이자 연합협정의 강화를 통한

---

68) Sander and Herman(1977), pp.346-377. 특히 pp.370-371 참조.
69) Taylor and Herman(1971), p.37.

내각안정의 확보수단이었다고 주장한다.[70]

    이제 각 학자들이 제시한 내각안정성의 결정인자들을 워릭이 제시한 도표를 인용하여 요약해 보면 다음과 같다.

<표 1-1> 내각안정성의 결정인자

결 정 인 자	연 구 자
다수당의 위상(Majority Status)	Blondel(1968) Sanders and Herman(1977)
최소승자연합의 위상 (Minimal Winning Status)	Laver(1974)
정부참여정당의 수 (No. of Government Parties)	Taylor and Herman(1971) Sanders and Herman(1977)
내각분절도 (Fractionalization of Cabinet)	Taylor and Herman(1971)
내각 내 연합양상(단순계산치) (Cabinet Coalition Status–absolute Value)	Dodd(1976)
내각 내 연합양상(로그변환치) (Cabinet Coalition Status–Logged)	
이념적 분산도 (Ideological Diversity)	Laver(1974)
최소연계승자의 위상 (Minimal Connected Winning Status)	Axelrod(1970)

  * 출처: Warwick(1979), p.471.

    그런데 위에서 살펴본 연구들은 연합양상이나 정당체계의 특성 등

---

70) Kim, Dong-Hun and Loewenberg, G., "The Role of Parliamentary Committees in Coalition Governments, Keeping Tabs on Coalition Partners in the German Bundestag." *Comparative Political Studies*, 38: 9(2005), pp.1104-1129.

정치적 조건 이외의 변인들이 내각안정성에 미치는 영향력에 대해 거의 주의를 기울이지 않았으며, 일부 학자들만이 경제적 요인의 영향력을 탐색하려 시도했을 뿐이다. 예로서 로벗슨(J. Robertson)은 유럽의 6개 민주주의 국가에서 형성된 77개 연합 내각(coalition cabinet)을 대상으로 하여 소비자 물가의 상승과 실업의 증대가 내각의 안정성에 미치는 영향을 추적함으로써, 과소규모연합 혹은 최소승자연합 내각의 지속성은 평균실업률이 증가할 경우 심각한 타격을 받는 반면, 과대규모 내각의 경우에 있어서는 인플레이션이나 실업이 의미 있는 설명변인의 역할을 수행하지 못함을 발견하였다. 즉, 모든 유형의 내각이 실업과 물가상승에 의해 같은 방식으로 영향을 받는 것은 아니라는 것이다.[71]

로벗슨에 따르면, 이러한 발견으로부터 도출해 낼 수 있는 의미는 '만성적 경제불안의 징후(a symptom of chronic economic malady)' 로서의 실업은 정치지도자들이 보다 심각한 경제적 난제들을 해결하기 위한 장기정책을 수립할 여유를 얻지 못하도록 하는 위협인자가 된다는 것이다. 또한 경제적 문제들에 대한 신속한 해결책을 찾기 위한 방편으로서 내각을 교체하는 것은 바로 그러한 문제들 때문에 "선진산업사회의 복잡한 문제들에 대처하기 위해 반드시 요구되는 안정적 리더십"을 상실하는 결과를 낳을 뿐만 아니라, "성급한 대중들의 상충하는 요구들이 확산되는 현상으로부터 정부를 보호할 수

---

71) Robertson, J., "The Political Economy and the Durability of European Coalition Cabinets: New Variations on a Game-Theoretic Perspective," *The Journal of Politics*, 45(1983), pp.932-955; "Toward a Political-Economic Accounting of the Endurance of Cabinet Administrations: An Empirical Assessment of Eight European Democracies," *American Journal of Political Science*, 28(1984), pp.693-709.

없도록 만든다"는 것이다.[72]

제2절 내각안정성의 측정척도

1. 내각변동의 기준

내각안정성, 즉 이 책이 채택할 분석모형의 종속변인에 관한 연구[73]들은 안정성이 내각의 시간적 지속성(continuity 혹은 durability)과 선형적인 관계를 갖는 것으로 간주한다. 그런데 레이프하트에 따르면, 내각의 지속성을 정의함에 있어서 핵심적인 관건은 특정 내각의 해산(종료)과 그를 대체하기 위한 새로운 내각의 출범을 야기하는 '사건의 형태(the type of event)'이다.[74] 즉, 이러한 사건들을 내각변동의 기준으로 삼아, 그 발생빈도(frequency), 혹은 지속된 기간(일수나 월수)으로서 내각의 안정성을 측정할 수 있다는 것이다. 이제 이와 같은 기준들을 레이프하트의 논의에 따라 요약해 보면 다음 〈표 1-2〉와 같다.

---

72) Robertson(1983), p.955.
73) 물론 이러한 연구들은 의원내각제를 지닌 국가들을 대상으로 하고 있다.
74) Lijphart, A., "Measures of Cabinet Durability: A Conceptual and Empirical Evaluation," *Comparative Political Studies*, 17(1984c), pp.265-266.

<표 1-2> 내각변동의 측정기준

측 정 기 준	기준을 이용한 연구자	
내각을 구성하고 있는 정당들의 변화	Blondel(1968), Hurwitz(1971), Taylor and Laver(1973), Sanders and Herman(1977) Warwick(1979)	Taylor and Herman(1971) De Swaan(1973) Dodd(1976)
내각에 참여하고 있지는 않지만 내각을 지지하는 정당들의 변화	Blondel(1968), De Swaan(1973),	Taylor and Herman(1971) Warwick(1979)
내각 내 연합양상의 변화	Dodd(1976)	
수상직의 변화	Blondel(1968), Taylor and Herman(1971), Sanders and Herman(1977)	Russett(1964)* Hurwitz(1971)
"정치적인 이유"로 인한 수상직의 변화	Taylor and Laver(1973) Warwick(1979)	
의회선거	Hurwitz(1971), Taylor and Laver(1973), Sanders and Herman(1977) Warwick(1979)	De Swaan(1973)
내각의 사임 (동일한 정당·동일한 수상이 이끄는 내각이 계승하는 경우도 포함)	Hurwitz(1971), Taylor and Laver(1973) Sanders and Herman(1977) Warwick(1979)	De Swaan(1973)

* 레이프하트의 논의에 포함되지 않은 것을 필자가 추가한 것임.

첫 번째로, 내각을 구성하고 있는 정당의 변화는 거의 모든 연구에서 적용되고 있는 기준이다. 그런데 도드[75]와 같이 이를 가장 중요한 기준으로 삼았을 경우 발생할 수 있는 가장 큰 문제는, 내각의 구성 정당은 장기간 변화하지 않았으나 내각구성 자체가 여러 번 바뀐 사례를 처리하기 어렵다는 점이다. 이에 대해 레이프하트는 1949년부터 1972년까지 집권한 오스트리아의 리버럴-컨터리(Liberal-Country)당

---

75) Dodd(1976), p.122.

연합 내각과 일본 자민당 내각의 경우를 예로 들고 있다. 즉, 오스트리아의 경우에는 23년간 정당연합에 전혀 변동이 없었음에도 불구하고 8회의 총선이 이루어졌고 수상이 네 번 교체되었지만, 이러한 기준을 적용한다면 내각의 변동이 전혀 이루어지지 않은 것으로, 즉 내각의 지속성이 큰 것으로 간주할 수밖에 없다는 것이다.[76]

두 번째 기준은 내각구성에 직접 참여하고 있지는 않지만 내각을 지지하는 정당들의 변화이다. 의원내각제하에서 내각에 대한 의회의 지지는 대개 소속의원을 입각시킨 정당에 의해 이루어지나, 그렇지 않은 연합 내 정당들도 지지를 표명할 수 있다. 그러나 이러한 기준이 갖고 있는 가장 큰 문제는 지지여부를 명백히 규명하는 것이 거의 불가능하다는 점이다. 다시 말해서, 연합 내 정당 간에 명백한 지지협정이 맺어져 있지 않거나 혹은 지지의사가 암묵적인 것에 불과할 경우, 이를 지속적인 지지의 근거로 간주하기 어렵다. 예로서 드스완은 "……이러한 정당들이 [내각에게 불리한] 심각한 사안에 관한 의회 내 투표에 있어서 주로 기권했을 때 이를 연합에 잔류하겠다는 의사로 간주하기 어렵다"고 말하고 있다.[77] 그러나 레이프하트는 이러한 기권까지 지지의사로 받아들여도 무방한 경우가 대부분이라 주장한다.[78]

세 번째 기준은 내각 내 연합양상의 변화로서, 단지 도드[79]만이 이 기준을 사용하고 있다. 그러나 레이프하트는 캘러헌(James Callaghan)

---

76) Lijphart(1984c), p.267.

77) De Swaan, A., *Coalition Theories and Cabinet Formations: A Study of Formal Theories of Coalition Formation Applied to Nine European Parliaments After 1918*(Amsterdam: Elsevier, 1973), p.143.

78) Lijphart(1984c), p.268.

79) Dodd(1976), p.123.

수상이 이끄는 영국 노동당 내각의 붕괴과정을 살펴보면 이러한 기준은 상당한 이론적 설득력을 지닐 수 있는 것으로 평가된다고 말하고 있다.[80] 구체적으로 살펴보면, 1964년 이래 다수당의 위치를 유지하여 온 윌슨(H. Wilson)의 노동당은 1970년 6월 총선에서 히스(E. Heath)가 이끄는 보수당에게 패배하였다. 그러나 히스 정부는 1973년 영국의 EEC 가입을 추진하는 과정에서 고실업과 인플레이션에 시달리게 되었으며, 노동조합과의 관계 역시 극도로 악화되었다. 이에 1974년 2월 히스는 신임을 확인하기 위해 총선을 실시하였으나 노동당에게 패배하였고, 소수파인 자유당(Liberal Party)과의 연합을 통해 내각을 유지하려 시도하였지만 실패한 후 사임하였다. 뒤이어 집권한 윌슨의 노동당은 10월 총선에서 319석을 차지함으로써(보수당 276석, 자유당/사회민주당 13석) 다수파의 위치를 확보하였으나, 1976년 윌슨의 예기치 못한 사임으로 수상직을 승계한 캘러한은 급격한 경제악화로 야기된 이른바 '불만의 겨울(winter of discontent)'의 여파로 인해 1977년 보궐선거에서 패배하게 되었다. 이에 따라 캘러한 내각은 지극히 취약한 '생명유지 보조장치(life-support machine)'인 '자유당－노동당 협정(Lib-Lab Pact)'에 의지한 소수파 내각으로 전락할 수밖에 없게 되었고, 급기야 1979년 3월 총선에서의 패배를 통해 붕괴되기에 이르렀다(노동당 268석, 보수당 339석, 자유당 및 기타 11석).[81] 이는 비록 동일한 수상에 의해 이끌어지는 내각이라 할지라도, 다수파 내각으로부터 소수파 연합 내각으로 전락할 경우 그 성격을 달리한다는 사실을 단적으로 보여주는 사례라고 말할 수 있다.

---

80) Lijphart(1984c), p.268.
81) Kingdom, J., *Government and Politics in Britain*(London: Blackwell, 1996), pp.212-213: Jones, B., *et al.*, *Politics UK*(London: Philip Allen, 1991), pp.49-51 참조.

다음으로 수상의 교체를 기준으로 삼은 연구들이 있다. 즉, 이들은 수상이 내각을 구성하고 통괄하기 때문에 수상의 교체를 곧 내각의 교체라고 볼 수 있다는 것이다. 그러나 도드가 지적한 바와 같이, 비록 수상이 바뀌었다 해도 각료의 구성에 변동이 없다면 내각에 '의미 있는 변화(a meaningful change)'[82)]가 발생하였다고 말하기 어렵다. 또한 이러한 기준은 수상 교체의 구체적 원인(causes of turnover)을 고려하지 못한다는 한계를 지니고 있다. 즉, 단순히 수상의 위치와 관련된 변화를 내각변동의 지표로 간주하게 되면 자발적 사퇴 내지는 병사(病死)와 같이 예외적 사례들을 선별해 내지 못할 뿐만 아니라, 수상의 교체가 집권세력의 교체를 의미하는 것인지 아닌지의 여부 역시 파악할 수 없다는 문제점을 안고 있다고 볼 수 있다. 이에 따라 질병이나 자연사(自然死)를 제외한 정치적 이유에 따른 수상의 변동만을 기준으로 삼아야 한다는 견해도 있지만, 이 또한 수상의 교체가 실제로 정치적 이유 때문인지를 명백히 판정하기 어렵다는 문제점이 나타난다. 예를 들어, 레이프하트는 와병은 흔히 정치적으로 이루어지는 강제 사임에 있어서 수상의 체면을 세워 주는 '고도의 정치적 구실(a highly political face-saving device)'로 사용되는 경우가 많다는 점을 지적하고 있다.[83)] 결국 행정부 수장의 교체로 야기된 정치적 변동을 논의함에 있어서는 변동의 특성이나 내용뿐만 아니라 "실제적인 과정"도 고려할 필요가 있다는 허위츠의 견해에 비추어 볼 때,[84)] 이러한 기준은 타당성을 상실할 가능성이

---

82) Dodd(1976), p.121.
83) Lijphart(1984c), p.268. 이에 따라 그는 정치적 이유이든 그렇지 않든, 모든 교체회수를 고려하는 것이 오히려 '간단한 방법'이라고 주장한다.
84) 허위츠는 또한 단순히 정부의 존속기간을 안정/불안정의 지표로 삼은 연구는 정부의 변동과 교체가 갖는 순기능적 효과(eufuntional effect)를

높다고 여겨진다.

여섯 번째 기준은 선거 전 내각과 선거 후 내각(즉 현 내각)을 구별하는 시점(point)으로서 총선을 선택하는 것인데, 그 근거는 의회 내 다수파의 규모(size of legislative majorities), 야권의 유형(patterns of opposition), 정당체계의 균열성 등 의회의 특성들로부터 비롯된 영향력을 고려해야 한다는 것이다. 예로서 1964-1966년 사이에 영국 노동당 내각은 의회 내에서 과반수를 가까스로 넘는 지지기반을 갖고 있었으나(노동당 317석, 보수당 303석, 기타 9석), 2차 집권기간 (1966-1970년) 동안에는 동일한 수상인 윌슨에 의해 이끌어졌음에도 불구하고 의회 내 지지기반은 훨씬 확대되었다(노동당 363석, 보수당 253석, 기타 12석).[85] 레이프하트에 따르면, 이러한 기준의 가장 큰 취약점은 짧은 의원임기(a short maximum parliamentary term of office)를 가진 국가들[86]과 임기만료 전에 자주 선거를 실시하는 국가들의 경우 내각의 지속성이 필연적으로 짧게 나타날 수밖에 없다는 점이다.[87]

마지막으로, 사임에 따른 내각의 교체를 내각변동의 기준으로 삼기도 한다. 그런데 이러한 연구들은 비록 새로 출범한 내각이 종전의 내각과 동일한 정당구성 양상 혹은 동일한 수상을 지녔다 해도 이들을 서로 다른 내각으로 간주한다. 샌더스와 허만은 이와 같은 기준이 "각 국가가 실제로 정부를 정의할 때 사용하는 것과 같은 방법(in the same way that countries themselves define a government)"이

간과하고 있다고 덧붙이고 있다. Hurwitz(1973), p.453 참조.

85) Kingdom(1996), p.221 참조.

86) 예로서 3년 임기인 호주, 뉴질랜드, 스웨덴 등.

87) 반면 의회가 임기동안 해산될 없는 노르웨이 같은 국가의 경우에는 지속성이 크게 나타날 수밖에 없다. Lijphart(1984c), p.269.

며, "비록 절대적인 것은 아니라 해도 별 심각한 문제가 없고 널리 수용된 것이라면 공연히 복잡한 것으로 바꿀 이유가 없다"고 주장한다.[88] 반면 레이프하트는 일부 국가들의 경우 내각이 쉽게 사임하고, 따라서 그 정치적 여파가 그다지 크지 않기 때문에 이러한 기준은 교차국가적 비교가능성(cross-national comparability)을 상실하고 있다고 비판하고 있다.[89]

2. 내각안정성의 측정지표

위에서 살펴본 기준들이 실제 연구에 어떻게 사용되었는가를 살펴보면, 한 개, 혹은 두 개 이상의 기준들을 복합하여 내각지속성을 측정하는 지표들을 구축했음을 알 수 있다. 예로서 도드는 "구성정당이 변화하지 않는 한 내각이 지속되는 것으로 간주한다(A cabinet exists so long as there is no change in the parties that compose the cabinet)"[90]는 입장에서 그러한 내각이 존속한 월수를 지속성의 지표로 삼고 있으며(단일기준), 블롱들은 "동일한 수상에 의해 이끌어지고, 동일한 정당, 혹은 정당들의 지지를 받는(headed by the same prime minister, and that of relying on the support of the same party or parties)"[91] 내각의 집권년수(years per government)를 통해 안정성을 측정하고 있다(두 개의 기준).

---

88) Sanders and Herman(1977), p.348.
89) Sanders and Herman(1977), p.348. 그러나 의회선거나 수상직의 변화의 기준을 이용하는 데에는 아무런 문제도 일어나지 않는다는 것이다. 왜냐하면 이 양자는 모든 국가들에 있어서 거의 같은 중요성을 갖기 때문이라는 것이다.
90) Dodd(1976), p.122.
91) Blondel(1968), p.190.

또한 테일러와 허만은 블롱들의 정의를 그대로 수용하되, 연수 대신 일수[92]를 지표로 채택하여 내각안정성을 측정하고 있다(동일한 수상과 동일한 정당이라는 두 개의 기준). 즉, 이들은 새롭게 집권한 정부(혹은 교체된 내각)들의 존속일수(the duration of the government in days)를 안정성의 지표로 채택한 다음, 앞서 살펴본 바와 같이 반체제 정당의 규모, 내각의 분절도 등 일단의 독립변인과 이러한 내각존속일수 사이의 상관관계를 측정하였다.

내각과 내각을 구분하는 경계점, 즉 내각변동의 기준으로 총선을 선택한 샌더스와 허만은, 어떤 내각의 존속월수가 직전 선거와 차기 선거 사이에 그 내각이 재임할 수 있는 최대가능기간(월수)에서 차지하는 비율, 즉, 생존율(survival)을 내각안정성의 지표로 삼고 있다.[93]

한편 이들과는 약간 맥락을 달리하나, 의원내각제 국가를 포함하여 총 87개 국가를 대상으로 행정부의 안정성(executive stability)을 측정하려 한 러셋은 1945년~1961년 사이에 이들 국가에서 합법적으로 임명된 행정부 수장[94]들이 집권 연수 및 임기 내에 교체된 비율(turnover rate)을 통합한 안정성 지표(stability index)를 구축하였으며, 이러한 지표를 통해 각국의 상대적 정치안정도를 측정함으로써 에티오피아를 가장 불안한 국가로서, 그리고 시리아를 가장 안정적인 국가로서 제시하였다.[95]

허위츠는 내각 혹은 행정부 수장의 지속성 혹은 영속성이 정치안

---

92) Taylor and Herman(1971), p.29.
93) Sanders and Herman(1977), pp.356-357.
94) 여기에서 행정부 수장은 대통령제에서는 대통령, 의회내각제에서는 수상을 의미한다. Russett(1964), p.101.
95) Russett(1964), p.101.

정의 기본적인 요소[96]임은 재론의 여지가 없으나, 이러한 안정성 지표[97]는 모든 행정부 수장이나 내각의 교체를 그 이유여하를 불문하고 불안정의 근거로 제시한 척도이기 때문에 불완전하다고 주장한다. 즉, 의회선거를 통한 교체(안정적), 불의의 사망에 따른 교체(중립적), 혹은 암살에 의한 교체(불안정적)를 구분하지 않고 동일한 위기로 간주한다는 것은 불합리하다는 것이다. 또한 그는 러셋과 블롱들 등이 사용한 지표로는 민주정체에서의 정부변동을 차별화할 수 없었다고 주장하면서, 선거와 수상의 사망 등과 같은 특정 사건의 발생 횟수를 계산하였다. 그리고 이들 위기사건을 다른 사건들과 비교하여 그 심각성에 따라 가중치를 부여한 총합을 각 국가의 교체된 정부의 수로 나누는 방법을 사용하여, 20개국(총 260개 정부)의 상대적 지속성을 측정하였다.[98] 즉, ① 선거에 의한 내각교체나 수상의 암살이 아닌 불의의 사망에 의한 교체의 경우, 그리고 내각에 참여하는 정당의 증가를 안정적으로 간주하여 0에서 1까지의 범위를 가지는 가중치 중 최대치인 1의 값을 부여하고, ② 수상이나 내각을 구성하고 있는 정당의 변화 없이 내각의 사임이나/재구성 혹은 정부에 다른 정당의 합류에 따른 내각사임/재구성의 경우에는 0.5의 값

---

96) 이러한 맥락에서 이루어진 안정성 연구 중에서 러셋(1964)과 허위츠(1971)는 의원내각제를 채택하고 있지 않은 국가(미국)의 경우에는 대통령을 의원내각제 국가에 있어서의 수상과 동일한 지위를 가진 것으로 간주하여 대통령의 재임기간을 안정성의 지표로 사용하였으며, 특히 허위츠는 대통령의 임기가 헌법에 의해 연임이 가능함에도 불구하고 연임에 실패하여 당과 대통령이 동시에 교체(1952년과 1968년)되는 경우와 암살에 의해 대통령이 교체되는 경우를 가장 큰 위기상황으로 간주하여 분석을 수행하였다.

97) 기존의 내각안정성의 지표는 특정 내각이 존속한 기간이라는 시간적 단위로 측정하고 있다.

98) Hurwitz(1971), p.44.

을 부여하였으며, ③ 내각을 구성하는 정당에 변화가 없거나 다른 정당이 합류하였더라도 사망 이외의 여하한 이유를 막론한 수상 교체의 경우와, 수상은 유임되나 정당이 정부에의 참여를 철회할 경우에는 0.25의 값을, ④ 수상의 교체와 동시에 정당의 정부구성으로부터 배제되는 경우와 암살에 의한 수상의 교체는 극단적인 불안정적 상황으로 규정하여 최소값인 0의 값을 부여하는 등 8가지 정부구성 형태를 차별화하여 가중하는 방법을 사용하였다. 이를 토대로 각국 정부의 상대적 지속성을 측정한 결과, 모든 정부의 구성이 선거에 의해서 이루어진 뉴질랜드가 최대점수를 획득함으로써 상대적으로 가장 큰 지속성을 나타낸 반면, 이태리(18위), 핀란드(19위), 프랑스(20위)의 순으로 지속성이 낮게 나타났다. 본 연구에서 사용될 구체적인 내각안정성 측정지표, 즉 내각안정성의 조작정의에 관해서는 제2부에서 다시 상세히 다루기로 한다.

제2부

내각안정성의 결정인자: 모형의 설계와 검증

제3장 연구설계

제1절 연구의 대상과 범주

이 연구의 대상이 되는 사례들은 1990년-1998년까지 헌법에 따라 대통령제(대통령직)를 보유하고 있는 전 세계 국가들 가운데에서 아래와 같은 8개 조건에 따라 선별해 낸 21개 국가이다.

① 국가수반(Head of State)과 행정부 수반(Head of Government)의 일치
② 대통령에 의한 내각구성(각료임면)
③ 직선제 대통령 선거제도
④ 민간출신 대통령(Civilian President): 현직 대통령이 군사 쿠데타 등 비합법적 경로를 통해 집권한 후 민간인 신분으로 재집권한 국가들은 제외[99]
⑤ 현 대통령이 비합법적인 경로로 집권한 경우, 혹은 국가가 내란상태에 처해 있는 경우는 제외
⑥ 국민에 의해 선출된 의원으로 구성되어 있으며, 실질적인 기능을 행사하는 입법부(의회)의 존재
⑦ 실질적인 복수정당제의 존재[100]
⑧ 1990년 이후 독립한 신생국은 제외[101]

---

99) 예로서 감비아(the Gambia)와 가나(Ghana).
100) 1989년 이후 정당활동이 일체 금지된 수단(Sudan), 공식적 야당이 금지되어 있음에 따라 실제로는 1당 독재국가인 투르크메니스탄(Turkmenistan) 등이 제외됨.

위의 8개 조건들 가운데에서 ①, ②는 본래의 의미의 "대통령제"를 충족시키는 제도적 기본 조건들이며, ③은 국민의 대통령에 대한 직접적 영향력과 그로부터 비롯되는 대통령의 정치적 책임과 부담, ④, ⑤는 대통령의 권력획득과정이 나타내는 정치적 정당성, 그리고 ⑥, ⑦은 대통령의 권력행사에 대한 형식적·실질적 제어와 통제라는 측면에서 "민주정치과정"을 보장하는 최소한의 조건들이라고 말할 수 있다.102) 따라서 본 연구는 민주주의적 대통령제 국가라고 불릴 수 있는 사례들을 대상으로 삼고 있으며, 이러한 제반 조건들은 추후 경험적 검증을 통해 구축하게 될 모형의 성립선행조건(initial conditions)으로 작용한다고 볼 수 있다. 또한 대통령제를 충분한 기간에 걸쳐 운영해 본 국가들을 대상으로 할 경우에 한해 연구결과의 이론적 의미를 확보할 수 있으리라는 판단에 따라, 1990년 이후 독립한 신생국가들을 사례로부터 제외하였다(조건 ⑧).

이상과 같은 8개 조건들을 사례선정의 척도로 삼아 일단 인터넷상의 *CIA World Fact Book*을 통해 제공되고 있는 207개 국가의 정치적 배경자료를 모두 검색하여 조건 ①, ②, ③, ⑥을 만족시키는 35

---

101) 팔라우(Palau), 세이셸 군도(Seychelles) 등이 제외됨.

102) 더비셔와 더비셔(Derbyshire and Derbyshire)는 대통령제를 일당독재형인 무제한적 대통령제(unlimited presidential executive)와 민주적인 제한적 대통령제(limited presidential executive)로 구분하고 있으며, 미국으로 대표되는 제한적 대통령제의 특성으로서 대통령이 ① 국가수빈인 동시에 행징수반이며, ② 심각한 헌정질서훼손행위를 사행하시 않는 한 그 임기가 보장되고, ③ 전적으로 대통령에게 책임을 지는 내각을 구성할 수 있으나, ④ 특정 분야의 권력행사에 있어서는 의회의 규제를 받는다는(의회의 동의를 필요로 한다는) 네 가지 점을 지적하고 있다. Derbyshire, J. and Derbyshire, I., *Political Systems of the World*(Edinburgh: Chambers, 1989), pp.46-48 참조.

개국을 선별한 후, 다시 이들 가운데에서 조건 ④, ⑤, ⑦, ⑧에 해당되는 21개 국가를 최종 연구사례로서 확정하였다.[103] 연구사례에 포함된 국가들은 아래 〈표 2-1〉과 같다.

〈표 2-1〉 민주정치체제 – 대통령제를 지닌 21개 연구대상국가

남미지역: 9개국	중미지역: 8개국	기타지역: 4개국
아르헨티나(Argentina)	코스타리카(Costa Rica)	사이프러스(Cyprus)
볼리비아(Bolivia)	도미니카 공화국 (Dominican Rep.)	대한민국(Rep. of Korea)
브라질(Brazil)	엘살바도르(El Salvador)	필리핀(The Philippines)
콜롬비아(Colombia)	과테말라(Guatemala)	스리랑카(Sri Lanka)
에콰도르(Ecuador)	온두라스(Honduras)	
파라과이(Paraguay)	멕시코(Mexico)	
페루(Peru)	니카라과(Nicaragua)	
우루과이(Uruguay)	파나마(Panama)	
베네수엘라(Venezuela)		

연구의 시간적 범주는 절대시간(chronological time)이 아니라 1998년 4월 현재 현직 대통령의 집권기간으로 하되, 집권기간이 2년

---

103) 위에서 인용한 1989년판 더비셔와 더비셔의 책에 따르면, 세계에는 미국을 포함한 35개 제한적 대통령제 국가, 알제리아를 포함한 37개 무제한적 대통령제 국가, 영국 등 43개 의원내각제 국가, 프랑스 등 6개 이원집정제(dual executive) 국가, 북한 등 16개 공산국가, 부르키나파소 등 16개 군부(military executive)국가, 바레인 등 12개 절대군주국(absolute executive), 기타 준주권국(semi-sovereign state) 등 48개국을 포함하여 총 213개 정체(政體, polity)가 존재한다. 이러한 분류는 비교적 정교하다고 볼 수 있으나, 10년 전에 구축된 낡은 자료이기 때문에 본 연구에서는 최근의 상황자료가 제공되고 있는 인터넷상의 *CIA World Fact Book*을 이용하였다.

미만인 경우에는 직전 대통령의 집권기간이라는 사회시간(social time)으로 설정하였다. 이와 같은 기간은 최종적으로 구축될 모형의 시간적 선행조건이 되며, 따라서 본 연구의 결과는 장기간에 걸친 시계열 분석(time-series analysis)을 통해 얻을 수 있는 통칙에 비해 시간적 일반성이 뒤떨어질 수밖에 없다는 점을 밝혀둔다.

제2절 연구방법, 자료와 구성양식

본 연구는 통상적인 경험적·계량통계적 분석의 방법론적 규준을 따른다. 즉, 우선 이론모형을 정립한 후, 모형에 포함된 각 변인들을 맥락정의－조작정의를 통해 적절한 정량지표(quantitative indicators)로 재구성하여 이들 간의 가설적 인과관계를 계량통계모형의 형식으로 표현한다. 다음으로 이러한 지표들 간의 관계를 심도(magnitude)와 방향(direction)을 중심으로 측정함으로써 모형의 설명능력과 적실성을 탐색하는 방식을 취한다. 주로 사용될 모형검증기법은 중다회귀분석(multiple regressions)이며, 통계적으로 유의미하지 못한 변인들을 모형으로부터 차례로 제거시키는 후방소거방식(backward elimination)을 채택한다. 이와 함께 각 모형 속에서 결정계수의 값을 왜곡시킬 수 있는 독립변인들 간의 중다공선성(multicollinearity)의 존재여부를 확인하기 위해 톨러런스값(tolerance value)을 이용한 공선성 통계(collinearity statistics)를 살펴보기로 한다. 일단 이러한 방법을 통해 독립변인들과 종속변인 사이의 배타적 관계를 측정하고, 뒤이어 독립변인군(群) 가운데에서 의회 내 정치세력의 균열양상(의회분절도) 및 대통령의 국민적 지지기반(선거경쟁도) 등 2개 정치적 변인, 그리고 국민 경제생활수준의 지표인 소비자물가지수 평균상승률과 경제성장규모의 지표인 GDP 평균성장률 등의 2개 경제적 변인들을 각각 통제변인(control variables)으로 삼아 5개 독립변인들의 내각안정성(종속변인)에 대한 설명능력을 추적해 본다.

이미 지적한 바와 같이, 관련 연구의 희소성으로 인해 본 연구에서 사용된 자료의 대부분은 필자가 국내외 연구·교육기관이 보유하고 있는 자료 아카이브(data archives), 혹은 인터넷상의 다양한 자료 사이트로부터 직접 추출하여 재구성한 1차 자료들이며, 2차 자료들은 거의 사용되지 않았다. 즉, 21개 연구사례(국가)의 선정에 있어서는 인터넷의 *CIA World Fact Book, Parliaments around the World* 등을 통해 제공되고 있는 각국 정치상황 자료를 이용하였다. 그리고 분석모형의 종속변인에 해당되는 내각안정성에 관련된 자료, 즉 연구기간 동안 21개 연구대상국가 내에서 발생한 내각변동에 관한 자료들은 영국의 엑시터 대학교(University of Exeter)와 런던경제정치대학교(London School of Economics and Political Science)가 소장하고 있는 *Keesing's Record of World Events*로부터 추출되었다. 다음으로 의회분절도(parliamentary fractionalization) 지표와 선거경쟁도(electoral competitiveness) 지표 등 정치적 차원의 2개 독립변인들을 구축하는 데 요구되는 해당 국가의 의회 내 정당별 점유 의석수, 대통령 선거 시 당선자의 득표율 등은 역시 인터넷의 다양한 관련 사이트를 통해 수집하였다. 주로 사용한 자료제공경로는 *Elections around the World, Lijphart Election Archive, Political Database of the Americas, CIA World Fact Book* 등을 포함한다. 그리고 또 다른 독립변인군인 경제지표들에 관련된 자료는 Inter-American Development Bank가 인터넷을 통해 제공하는 *Basic Socio-Economic Data*, IMF가 간행하는 *International Financial Statistics Yearbook*, OECD의 *OECD Economic Outlook*, UN의 *Statistical Yearbook*, 대한민국 통계청의 『계간국제통계』 등으로부터 추출되었다.

연구의 전반적 구성양식으로서는 우선 제1부에서 요약한 이론적 배경에 따라 이론모형을 구축한 다음, 모형의 구성개념(constructs)들을 조작정의 함으로써 적절한 변인(측정지표)들로 전환한다. 그리고 모형이 상정하고 있는 변인들 간의 인과경로를 일단의 중다회귀식(multiple regression equations)으로 재구성하여 그 적실성과 타당성을 계량통계적으로 검증한다. 마지막으로 모형검증결과를 통계적·이론적으로 해석하고, 최종적으로 도출된 설명변인들을 중심으로 그 의미와 한계, 그리고 후속연구의 방향을 제안해 보기로 한다.

제3절 분석모형

1. 모형의 구조

본 연구에서 검증될 분석모형은 모두 7개로서, 그 구조는 다음과 같다. 모형의 구성변인들에 관해서는 다음 제2항에서 상세히 언급하기로 한다.

(1) 기본모형

가. 기본모형-1

<table>
<tr><td>

정치적 압력
- ◼ 의회 내 정치세력의 분열양상: 의회분절도
- ◼ 대통령의 국민적 지지기반: 선거경쟁도

경제적 압력
- ◼ 경제성장도: GDP 평균성장률
- ◼ 국민경제생활수준:
　　소비자물가지수 평균상승률
　　평균실업률

</td><td>⇨</td><td>

내각안정성
- ◼ 각료재임가능기간
　　평균점유율

</td></tr>
</table>

나. 기본모형-2

<table>
<tr><td>

정치적 압력
- ◼ 의회 내 정치세력의 분열양상: 의회분절도
- ◼ 대통령의 국민적 지지기반: 선거경쟁도

</td><td>⇨</td><td>

내각안정성
- ◼ 각료재임가능기간
　　평균점유율

</td></tr>
</table>

다. 기본모형-3

<table>
<tr><td>

경제적 압력
- ◼ 경제성장도: GDP 평균성장률
- ◼ 국민경제생활수준:
　　소비자물가지수평균상승률
　　평균실업률

</td><td>⇨</td><td>

내각안정성
- ◼ 각료재임가능기간
　　평균점유율

</td></tr>
</table>

(2) 통제모형

가. 통제모형-1

<table>
<tr><td>

정치적 압력
- ■ 의회 내 정치세력의 분열양상: 의회분절도
- ■ 대통령의 국민적 지지기반: 선거경쟁도

</td><td>

경제적 압력
- ■ 경제성장도: GDP 평균성장률
- ■ 국민경제생활수준:
　　소비자물가지수 평균상승률
　　평균실업률

</td></tr>
<tr><td colspan="2" align="center">

의회분절도 ≥ 특정 수준　⇩　의회분절도 < 특정 수준

내각안정성
- ■ 각료재임가능기간 평균점유율

</td></tr>
</table>

나. 통제모형-2

<table>
<tr><td>

정치적 압력
- ■ 의회 내 정치세력의 분열양상: 의회분절도
- ■ 대통령의 국민적 지지기반: 선거경쟁도

</td><td>

경제적 압력
- ■ 경제성장도: GDP 평균성장률

- ■ 국민경제생활수준:
　　소비자물가지수 평균상승률
　　평균실업률

</td></tr>
<tr><td colspan="2" align="center">

선거경쟁도 ≥ 특정 수준　⇩　선거경쟁도 < 특정 수준

내각안정성
- ■ 각료재임가능기간 평균점유율

</td></tr>
</table>

다. 통제모형-3

정치적 압력
- 의회 내 정치세력의 분열양상: 의회분절도
- 대통령의 국민적 지지기반: 선거경쟁도

경제적 압력
- 경제성장도: GDP 평균성장률
- 국민경제생활수준:
  소비자물가지수 평균상승률
  평균실업률

소비자물가지수 평균상승률 ≥ 특정 수준 ⇩ 소비자물가지수 평균상승률 < 특정수준

내각안정성
- 각료재임가능기간 평균점유율

라. 통제모형-4

정치적 압력
- 의회 내 정치세력의 분열양상: 의회분절도
- 대통령의 국민적 지지기반: 선거경쟁도

경제적 압력
- 경제성장도: GDP 평균성장률
- 국민경제생활수준:
  소비자물가지수 평균상승률
  평균실업률

GDP 평균성장률 ≥ 특정 수준 ⇩ GDP 평균성장률 < 특정 수준

내각안정성
- 각료재임가능기간 평균점유율

2. 구성변인

모형의 구성변인들은 위에서 제시한 바와 같이 1개의 종속변인(내각안정성)과 5개의 독립변인들로 구성된다. 그리고 독립변인들은 의회 내 정치세력의 분열양상 및 대통령의 국민적 지지기반을 나타내는 2개 정치적 변인들(의회분절도·선거경쟁도)과, 경제성장도 및 국민경제생활수준을 나타내는 3개 경제적 변인들(GDP 평균성장률·소비자물가지수 평균상승률·평균실업률)로 나누어진다. 각 변인들의 이론적 의미와 그 변량의 측정을 위한 맥락정의 및 조작정의를 살펴보면 다음과 같다.

(1) 종속변인: 내각안정성(CS)

내각안정성에 관한 기존 연구[104]들은 대부분 안정성을 내각이 얼마나 오랫동안 유지되었는가라는 지속성(durability)의 측면에서 규정하여 왔다. 다시 말해서, 내각안정성은 주로 특정한 내각이 존속한 기간이라는 시간적 단위로서 측정되었다. 이 연구에 있어서도 역시 내각의 안정성을 그 존속기간이라는 맥락에서 바라보기로 한다. 즉, 존속기간이 여타 내각에 비해 긴 내각은 상대적으로 더 안정적이라고 본다.

이러한 유형의 연구들에 있어서는 여러 가지의 측정방식이 제시되었는데, 우선 포우웰,[105] 레이프하트,[106] 도드[107]는 단순히 특정한

---

104) 이미 지적한 바와 같이, 이러한 내각안정성에 관한 연구들은 거의 획일적으로 의원내각제 국가의 내각을 대상으로 이루어졌다. 앞의 제2장 "내각안정성 연구"를 참조 할 것.

내각이 몇 개월(months) 동안 존속하였는가, 그리고 테일러와 허만[108]은 며칠(days) 동안 지속되었는가를 통해 안정성을 측정하려 시도하였다. 그러나 샌더스와 허만[109]은 국가에 따라 의원(의회)의 임기가 다르다는 점을 고려하여, "특정 시점(starting point)"에서 출범한 내각이 차기 총선까지 남아 있는 기간 중에서 실제로 재임한 기간의 비율을 계산하여 안정성의 지표로 삼고 있다.[110] 또한 루젠달(P. Van Roozendaal) 역시 샌더스와 허만의 지표를 차용하여 내각안정성(지속성)을 특정한 내각이 실제로 재임한 월수를 지난 선거(즉 그러한 내각을 출범시킨 선거)와 차기 선거의 사이의 기간에 재임할 수 있는 최대한의 월수로 나눈 내각생존율(cabinet survival)로 측정하였다.[111] 그러나 이 측정방법을 사용할 때 당면할 수 있는 문제점은 총선을 얼마 남겨두지 않은 시점에서 출범한 내각을 어떻게 처리해야

---

105) Powell(1982).
106) Lijphart(1984a).
107) Dodd(1976).
108) Taylor and Herman(1971).
109) Sanders and Herman(1977), p.357.
110) $\dfrac{\text{재임기간}}{\text{재임할 수 있는 남은 기간}}$

　　　예로서, 만일 의회의 임기가 3년이라면, 3년 동안 재임한 내각은 100%의 등급을 부여받는다. 또 의회 임기 4년 중 마지막 3년 동안 재임하였다면 그것 역시 100%의 등급을 판정 받는다. 그러나 같은 3년 동안 재임하였더라도, 4년 임기의 내각이 처음 3년 동안만 재임하였다면, 75%의 잔존비율만을 가진다. 허위츠와 마이어는 단순히 내각이 출범한 시점과 끝난 시점 사이의 기간을 측정하는 것이 아니라, 선거와 이들 시점들을 세고, 그 시점을 다른 시점들과 비교하여 얼마만큼의 심각한 위기가 있었나를 파악하여 가중하는 방법을 사용한다. Lijphart(1984c), p.270에서 재인용.
111) Van Roozendaal, P., "The Effect of Dominant and Central Parties on Cabinet Composition and Durability," *Legislative Studies Quarterly*, 17(1992), p.21.

하는 가이다. 워릭은 이를 해결하기 위한 방식으로서, 선거로 인해 내각의 변동이 야기되지 않았을 경우에는 선거를 내각변동의 기준으로 사용하지 말아야 한다고 주장하고 있다.[112]

그런데 의원내각제 국가들을 연구대상으로 삼을 때에는 이처럼 내각의 존속기간이나 임기잔존비율 등의 지표를 사용해도 무방하나, 대통령제 국가의 경우에는 대통령의 임기가 고정되어 있기 때문에 이들을 액면 그대로 수용하기 어렵다. 또한 어느 정도의 개각을 내각변동으로 간주할 수 있는가라는 문제(각료교체의 폭 문제)가 발생한다. 전면 개각만을 변동으로 간주해야 하는지, 혹은 부분개각 역시 기준으로 채택해야 하는지, 그리고 부분개각을 기준으로 상정한다면 몇 명 이상의 각료가 교체된 것을 변동으로 보아야 하는 가라는 문제에 직면하게 된다. 이와 더불어, 각료 교체의 성격에 대한 고려도 배제할 수 없다. 해임과 자발적 사임, 또 해임이라 할지라도 정책실패의 책임을 물어 해임하는 경우와 범죄조직과의 연계, 수뢰 등 개인적인 비리에 의해 해임하는 경우를 구분할 필요가 있다. 또한 자발적으로 사임하는 경우에 있어서도, 개인적인 이유에 의해 사임하는 경우와 정치적인 이유에 의해 사임하는 경우, 또 사실상 해임의 성격을 갖고 있으나 정치적 체면을 세워주기 위해 사임의 형식을 빌리는 경우 등 그 성격이 매우 다양하다. 따라서 이러한 여러 가지 경우의 수 중 어떠한 성격의 교체를 각료 교체의 기준으로 채택하여야 하는 가라는 어려움이 뒤따른다. 그러나 내각의 안정성을 정책수행상의 전반적인 효율성, 즉 각료의 교체로 인해 야기될 수 있는 부처업무의 지속성 상실이라는 측면에서 본다면, 교체의 성격을 불문하고 모든 각료의 교체사례를 고려하여 개개 각료의 교체횟수(교체

---

112) Warwick(1979), p.468.

된 각료의 수) 내지는 각료들의 평균재임기간 등의 지표를 사용하는 것이 보다 큰 측정타당성(validity)[113]을 보장해 줄 수 있을 것이다.

그러나 이러한 지표는 미국 내각에 대한 코헨의 연구와 같이 개별 국가를 대상으로 한 사례 연구에는 큰 무리 없이 적용할 수 있지만, 교차국가 연구의 경우에는 비교사례에 따라 헌법에 의해 규정된 대통령의 임기가 상이한 관계로 비교지표[114]로서의 타당성을 상실할 가능성이 높다. 또한 대통령의 임기만료로 신 행정부가 출범하였을 경우 전 행정부에서의 내각은 당연히 소멸되고 새로운 내각이 출범하게 되며, 따라서 대통령의 임기가 상대적으로 짧은 국가의 경우에는 임기가 긴 국가보다 각료의 교체횟수가 더 빈번하게 나타날 가능성이 있다. 따라서 대통령제 국가의 내각안정성 측정은 사례별로 규정된 대통령의 임기 내에 교체된 각료의 수, 혹은 대통령의 임기 내의 각료들의 평균재임기간 등의 지표를 사용하는 것이 더 타당할 것이다. 물론 이러한 지표 역시 내각을 구성하는 주무직책(portfolio)의 수가 국가별로 상이하다는 문제점을 지닌다. 임기 내에 교체된 각료의 수를 단순 비교할 경우, 주무직책이 많은 국가들의 경우에는 교체된 각료의 수가 상대적으로 많이 나타남에 따라 내각이 불안정한 것으로 오인될 가능성이 있다. 이러한 여러 가지 문제점들을 고려하

---

113) 주지하다시피 지표의 타당성은 조작정의를 통해 구축된 지표들이 측정하려는 속성을 정확히 측정할 수 있는 수준과 범위를 지칭한다. 타당성의 유형에 관해서는 김웅진·김지희, 『정치학 연구방법론: 경험과학연구의 규준과 설계』(서울: 명지사, 2005), pp.144-156 참조.

114) 이는 비교정치연구·비교지역연구에 있어서 교차사례적으로 적용될 수 있는 지표, 즉 동일지표(identical measures)나 등가지표(equivqlent measures)를 말한다. 김지희, "경험과학적 지역연구모형에 있어서 등가지표의 추적: 방법론적 전략," 『비교민주주의연구』, 제1집 1호(2005), pp.5-22 참조.

여, 집권기간과 주무직책의 수가 상이한 국가들을 비교할 수 있는 측정지표를 아래와 같이 구축하였다.

내각안정성 측정지표

$$CS = \frac{NOCM}{NOCM + NCCM} \times 100$$

CS: 각료재임가능기간 평균점유율(%)
NOCM: 대통령이 최초로 구성한 내각의 각료수
NCCM: 대통령의 집권기간 중 교체된 각료수

이 측정지표는 어떤 대통령이 최초로 구성한 내각의 각료수를 그 대통령의 집권기간 동안 존재했던 총 각료의 수(최초의 각료의 수+교체된 각료의 수)로 나눈 값 즉, 각료의 교체수를 근거로 산출한 각료들의 재임가능기간 평균점유율(在任可能期間 平均占有率, CS: %)이다. 예를 들어 대통령 취임 당시 최초로 임명된 각료들이 대통령의 집권기간을 통해 한 명도 교체되지 않았다면 각료들이 재임가능기간의 100%를 채운 것이고, 최초로 임명된 각료가 12명, 교체된 각료들의 수가 8명이라면 각료들이 재임가능기간을 평균 60%를 채운 셈이 된다. 이러한 방식으로 21개 연구대상국가의 내각안정성을 *Keesing's Record of World Events*로부터 추출한 자료를 이용하여 측정하였다. 연구기간 동안 발생한 각 국가의 내각변동에 관한 상세한 내용은 〈부록 1〉 각 국별 내각변동 양상에 제시되어 있다

(2) 독립변인

가. 정치적 변인

① 의회 내 정치세력의 분열양상: 의회분절도(Fp)

로우웰(A. Lowell)이 그의 저서 『유럽대륙의 정부와 정당 (*Government and Parties in Continental Europe*, 1896)』에서 양당제야 말로 의회민주주의 체제하에서 정부의 안정성 즉, 내각안정성을 확보 하는 데 가장 필수적인 요건이라고 주장한 이래, 라스키,[115] 뒤베르 제[116] 등 수많은 선구적 제도론자들이 그의 명제를 재확인하려 시도 하여 왔다. 또한 1960년대에 이르러 블롱들[117]은 내각제 정부의 안정 성과 지속성은 정당체계의 양상으로부터 강한 영향을 받는다고 주장 하였으며, 테일러와 허만[118] 역시 196개 정부를 대상으로 정당체계의 수적(數的) 구조가 내각안정성의 결정인자임을 경험적으로 입증하고 자 시도하였다. 그런데 이들은 내각안정성이 단순히 의회 내 정당의 수뿐만 아니라 각 정당의 상대적 영향력에 의해서도 영향을 받는다 는 점으로 고려하여 정당수와 영향력을 동시에 함축한 레이(D. Rae)의 원내정당체계 분절화 지표(fragmentation, F)[119]를 채택, 이 지표와 내각(정부)안정성 사이에 강한 상관관계가 존재한다는 사

---

115) Laski(1938).

116) Duverger(1951).

117) Blondel(1968).

118) Taylor and Herman(1971).

119) 박찬욱 교수는 "party system fragmentation"을 "원내정당체계의 분절 화"로 국역하고 있는데, 이는 의회에서 무작위로 추출된 두 의원이 다 른 정당에 소속될 확률을 나타내는 지표이다. 박찬욱(1993), p.281: Rae, D., *The Political Consequences of Electoral Laws*(New Haven, Connecticut: Yale University Press, 1967) 참조.

실을 확인하였다. 이 연구에서는 의원내각제뿐만 아니라 민주적 대통령제의 경우에도 마찬가지로 의회 내 정치세력의 통합·분열양상이 내각의 안정성에 강한 영향력을 행사한다는 판단에 따라 의회분절도를 독립변인으로 채택하였으며, 그 근거는 다음과 같다.

의회 내의 정당 간 세력배분양상이 내각안정성에 미치는 영향은 주로 의원내각제의 경우 강하게 나타난다는 것이 통상적인 인식이다. 즉, 의원내각제는 헌정체제의 특성상 의회와 내각이 높은 수준의 상호의존성을 가질 수밖에 없다는 것이다. 그러나 포우엘은 헌정체제의 성격을 불문하고 의회 내의 다수세력 확보여부가 행정부의 안정성과 강한 정방향의 상관관계를 갖는다는 경험적 근거를 제시하였다.[120] 또한 스테판(A. Stephan)과 스카치(C. Skach)[121]는 대통령제하에서는 대통령과 의회가 각각 선거에 의해 독립적으로 구성될 뿐만 아니라 안정적인 임기를 갖고 있는 관계로 구조적인 상호독립성을 나타내나, 바로 이러한 상호독립성 때문에 대통령이 의회의 지지를 확보하지 못할 경우 양자 간의 관계가 교착상태에 빠지게 될 가능성이 높다고 주장한다. 그리고 이러한 교착상태에 봉착할 경우 "대통령은 중요한 정치문제가 있을 때 의회의 지지를 확보하기 위한 수단으로 [야당의원들에게] 장관직을 부여하는 방법을 쓰며, 이러한 목적을 위해 장관들을 자주 바꾸는 경향이 있다"[122]고 지적하고 있

---

120) Powell(1982), p.64-66.
121) Stephan, A. and Skach, C., "Constitutional Framework and Democratic Consolidation: Parliamentalism and Presidentionalism," Linz, J. and Valenzuela, A., *The Failure of Presidential Democracy: Comparative Perspectives*(Baltimore, Maryland: The Johns Hopkins University Press, 1994). 신명순·조정관(1995), pp.247-279. 특히 pp.271-277 참조.
122) 이들은 "1973년 – 1987년 사이에 대통령제를 채택한 민주국가에서 의회가 다수당에 의해 지배된 경우는 절반이 안 된다"는 것을 밝힌 바 있으

다. 한편 이와는 약간 다른 맥락에서, 아버바크(J. Aberbach)와 로크먼(B. Rockman)은 "의원내각제이든 대통령 중심제이든 실제 권력은 정치적 지지와 종속의 네트워크를 관장하고 있는 정당의 지도자들에게 놓여있으며……따라서 통치권위의 조직화(the organization of governing authority)에 있어서는 양자 간의 차이가 거의 없다"[123]고 주장하면서, 대통령이 필연적으로 가질 수밖에 없는 당파성을 근거로 민주적 대통령제하에서 의회 내의 세력배분양상이 갖는 중요성을 시사하고 있다. 즉, 대통령의 국정수행 행위는 의회 내 반대세력에 의해 특정 정당의 이익을 보장하기 위한 정파적 행위(partisan way)로 비추어지게 마련이며, 따라서 "이들은 대통령의 정책 프로그램에 반대하는 것을 의무와 권리"[124]인 것으로 간주하게 된다는 것이다.

이처럼 민주적 대통령제하에서는 대통령의 국정운영이 의회에 의해 상당한 견제를 받기 때문에, 정당의 수와 각 정당이 차지하고 있는 의석수(규모)에 따라 의회 내 정치세력이 어느 정도 분열되어 있는가를 나타내 주는 의회분절도(F_p)가 대통령의 국정운영방향에 심대한 영향을 미치게 되고, 이에 따라 직접 국정을 수행하는(즉 정책을 구체적으로 수립하고 집행하는 주체로서의) 내각의 구성·재구성에 압력을 행사한다고 본다. 그리고 이러한 의회분절도는 아래와 같

며, 바로 이러한 상황이 대통령제하에서 나타나는 대통령-의회의 구조적 상호독립성과 맞물려 교착상태를 심화시킬 가능성이 높다는 점을 지적하고 있다. 신명순·조정관(1995), p.272, 277.

123) Aberbach, J. and Rockman, B., "Bureaucracy: Control, Responsiveness, Performance," Baaklini, A. and Desfosses, H. eds., *Designs for Democratic Stability: Studies in Viable Constitutionalism*(Armonk, New York, M. E. Sharpe, 1997), p.74.

124) Aberbach and Rockman(1997), p.130.

이 조작정의 된다.[125]

의회분절도 측정지표

$$Fp = 1 - \frac{1}{n(n-1)} \sum_{i=1}^{Np} fi(fi-1)$$

Fp: 의회분절도
Np: 의회 내에 의석을 보유한 정당들의 수
n: 총의석수
fi: 각 정당이 차지한 의석수

이와 같은 분절도 지표는 0에서 1 사이의 값을 지닌다. 즉, 의회가 하나의 정당에 의해 구성되는 경우 분절도의 값은 0(Fp=0)이 되며, 분절도값이 1(Fp=1)인 경우는 의회 내에서 100개의 정당이 각각 의석수의 1%를 점유하는 상황을 의미한다. 만일 두 정당이 각각 의석의 50%를 차지하는 양당구조일 경우에는 분절도값이 0.5가 된다. 이 연구에서는 의회분절도 지표값을 측정하기 위해 인터넷상의 *Election around the World*와 *Lijphart Election Archive*에서 제공된 자료를 이용하였다. 각국 의회 내에서 나타나는 정당별 점유의석수의 자세한 내역은 〈부록 2〉 의회 내 정당별 의석점유 양상에 제시되어 있다.

② 대통령의 국민적 지지기반: 선거경쟁도(EC)

국민적 지지기반이 대통령의 국정운영에 상당한 영향력을 미친다는 것은 두 말할 나위도 없다. 즉, 광범위한 지지기반을 가진 대통령은 국가정책의 수립과 집행에 있어서 강력한 추진력을 발휘할 수 있

---

125) Tayler and Herman(1971), p.30; Rae(1975), pp.47-64 참조.

으며, 따라서 정책수립과 집행의 실질적 주체로서의 내각 역시 안정적일 수밖에 없을 것이다. 반면 지지기반이 협소한 대통령은 특히 공약을 지키기 위한 정책성취도가 하락될 때 의회나 국민으로부터 가해지는 압력에 대응할 수 있는 능력이 상대적으로 취약하며, 따라서 자신의 정치적 입지를 유지하기 위한 방편으로서 정책수행상의 비효율성이나 실패의 책임을 내각에 돌리는 경우가 많다. 즉, 지지기반이 불안정한 대통령은 서론에서 지적한 것과 같이 내각을 "정치적 피뢰침"으로 사용할 가능성이 높다고 본다. 이에 따라 본 연구에서는 대통령에 대한 국민적 지지도를 내각의 안정성에 영향을 주는 정치적 독립변인의 하나로서 상정하고자 하며, 이를 현직 대통령이 당선된 당시 선거에서 나타난 지지도라는 맥락에서 파악하려 한다.

대통령에 대한 국민적 지지도는 기존의 '민주화 지표(index of democracy)'들을 원용하여 측정할 수 있을 것이다. 이와 같은 민주화 지표들은 주로 선거(총선 혹은 대선)에 있어서의 경쟁도와 참여도를 측정하는 것으로서, 그 구체적인 내역은 각 지표를 제시한 학자들이 내린 민주주의의 개념정의를 반영하고 있다. 그런데 본 연구에 있어서 선거경쟁도는 어떤 국가의 민주화 수준과 내각 안정성 간의 관계를 추적하기 위해 적용되는 것이 아니라, 대통령에 대한 정치적 압력을 파악하기 위해 채택되었다는 점을 강조하고자 한다. 즉, 대통령 선거에 있어서 경쟁도가 상대적으로 낮았다면 당선된 대통령은 경쟁도가 높은 가운데 당선된 대통령에 비해 폭넓은 국민적 지지기반을 획득한 상태에서 정부를 출범시켰다고 말할 수 있을 것이고, 이러한 측면에서 선거경쟁도(electoral competitiveness: EC)를 대통령에 대한 국민적 지지기반을 우회적으로 측정하는 지표로서 선정한다. 본 연구에서 사용된 선거경쟁도 지표를 제시하기에 앞서,

우선 기존의 민주화 지표들을 요약해 보면 아래와 같다.

'민주주의' 혹은 '민주주의 체제'에 대한 정의는 학자마다 견해를 달리한다. 예로서 립셋은 민주주의 체제를 "통치자들을 선거를 통해 규칙적으로 교체할 수 있는 헌법적 장치가 마련되어 있으며, 이를 통해 가능한 한 최다수의 사회구성원들이 국가의 정책결정과정에 참여할 수 있는 정치체제"로 규정하였고,[126] 싸토리(G. Sartori)는 민주주의 체제를 독재(autocracy)와 대치되는 개념으로 간주하는 가운데 "어느 누구도 자신만의 힘으로 통치권력을 획득할 수 없고, 따라서 어느 누구도 무조건적이고 무제한적인 권력을 행사할 수 없는 체제"라고 정의하였다.[127] 또한 다이아먼드(L. Diamond)·린츠(J. Linz)·립셋(S. M. Lipset)은 ① 폭력이 배제된 가운데 일정한 질서에 따라 이루어지는 개인 혹은 집단(특히 정당) 사이의 실질적이며 광범위한 권력획득경쟁, ② 최소한 규칙적이고 공정한 선거를 통해 정책과 지도자를 선택하는 높은 수준의 정치참여, ③ 경쟁과 참여를 보장해주기에 충분한 수준의 정치적 자유 등 세 가지를 민주주의 체

---

126) 즉, 립셋에 따르면 민주주의란 "a political system which supplies regular consitutional opportunities for changing the governing officials, and a social mechanism which permits the largest possible part of the population to influence major decisions by choosing among contenders for political office"라는 것이다. Lipset, S. M., *Political Man: The Social Bases of Politics*(New York: Doubleday, 1960), p.27 참조.

127) "Democracy is a system in which no one can choose himself, no one can invest himself with the power to rule and, therefore, no one can arrogate to himself the unconditional and unlimited power." Sartori, G., *The Theory of Democracy Revisited*(Chatham, New Jersey: Chatham House, 1987), p.206. Vanhanen, T., *Prospects of Democracy, A Study of 172 Countries*(London and New York: Routledge, 1997), p.28에서 재인용.

제의 성립조건으로 들고 있다.[128]

한편 다알(R. Dahl)은 민주주의 체제의 가장 주요한 특성으로서 "정치적으로 평등한 시민들의 선호에 대한 정부의 지속적 반응성(the continuing responsiveness of the government to the preference of its citizens, considered as political equals)"을 들고 있다.[129] 이에 대해 반하넨(T. Vanhanen)은 다알의 정의가 민주정치의 서로 다른 두 가지 차원, 즉 공공경쟁(public contestation)과 참여의 권리를 동시에 고려한 것이라고 지적하면서, 이러한 두 가지 차원이 민주화의 척도를 구축하는 데 매우 적절한 기반이 된다고 주장하고 있다.[130] 그는 이러한 맥락에서 민주주의 체제를 "다양한 집단들이 권력을 획득하기 위해 합법적으로 경쟁하는 것이 보장되며, 제도화된 권력의 소유자들이 국민에 의해 선출되고 국민에 대해 책임지는 정치체계"로서 정의하고 있다.[131] 반하넨은 더 나아가 민주정치의 두 가지 핵심적 차원, 즉 경쟁과 참여를 동시에 고려하여 총선이나 대통령 선거, 혹은 두 선거 모두에서 군소 정당들이 차지한 득표율을 경쟁도(degree of competition)의 지표로서, 또 실제로 투표에 참가한 유권자의 수를 이용한 투표참여율을 참여도(degree of electoral participation)의 지표로 삼고, 이 둘을 통합하여 다음과 같은 "민주화 지표(Indicators of

---

128) Diamond, L., Linz, J., and Lipset, S. M., *Politics in Developing Countries: Comparing Experiences with Democracy*(Boulder, Colorado: Westview, 1990), pp.6-7.

129) Dahl, R., *Polyarchy: Participation and Opposition*(New Haven, Connecticut: Yale University Press, 1971), p.1 참조.

130) Vanhanen(1997), p.28.

131) "Democracy is a political system in which different groups are legally entitled to compete for power and in which institutional power holders are elected by the people and are responsible to the people." Vanhanen(1997), p.31.

Democracy)"를 구축하였다.

$$ID = \frac{P \times C}{100}$$

ID: 민주화 지표,   P: 참여도,   C: 경쟁도

   본 연구에서는 반하넨의 지표를 차용해도 큰 이론적 무리가 따르지 않을 것이라는 판단하에 *Elections around the World*, *Lijphart Election Archive*, *CIA World Fact Book*을 포함하는 인터넷의 다양한 관련 사이트와 *Keesing's Record of World Events*, *The New York Times*, *The London Times*, *The Times*, *Newsweek* 등 다양한 자료매체를 검색하여 보았으나, 대통령 선거의 투표참여율에 관련된 상세한 자료를 공개하지 않은 국가가 연구대상 21개국 중 9개국에 달하기 때문에 이들을 유실자료(missing data)로 처리한다면 사례수의 부족으로 인하여 통계적으로 유의미한 분석결과를 기대하기 어렵다는 문제에 봉착하였다. 따라서 이러한 문제점을 극복하기 위해 반하넨의 지표를 연구에 합당하게 아래와 같이 재구성하였다.

   우선 본 연구에 있어서는 분석대상이 민주적인 직선제 대통령 선거제도를 지닌 국가들로 구성되어있기 때문에 정치참여는 이미 상당한 수준에서 제도적으로 보장되어 있다고 말할 수 있으며, 따라서 경쟁도만을 중심으로 지표를 구축하기로 한다. 반하넨에 의하면, 대부분의 현대 국가에서 이루어지는 정치적 경쟁은 "가장 핵심적인 정부 제도 내에서의 권력투쟁(the struggle for power in the most important governmental institutions)"[132]으로 제한된다. 왜냐하면 고도의 정치권력이 헌법에 따라 특정한 제도들에 집중되어 있기 때문이다. 따라

서 합법적인 권력획득경쟁은 이러한 제도의 구성원을 선출하는 총선이나 대선, 혹은 두 선거 모두에서 나타나는 경쟁을 중심으로 이루어질 수밖에 없다.

이렇게 볼 때, 만일 대통령 선거에 있어서 어떤 후보자가 압승하였다면 정치권력은 당연히 그러한 후보자 혹은 후보자가 속한 정당에 집중되게 마련이다. 그리고 이처럼 경쟁도의 수준이 지극히 낮은 가운데 당선된 대통령은 앞서 지적한 바와 같이 국정운영에 있어서 의회나 여타 정치집단, 혹은 국민으로부터의 압력을 극복할 수 있는 충분한 권력기반을 획득하게 되며, 그러한 대통령이 조직한 정부(내각)는 상당한 수준의 구조적 안정성을 확보하게 된다. 본 연구에서는 이러한 측면에서 대통령 선거에서의 후보자 경쟁성을 가늠하는 지표가 되는 선거경쟁도(EC)를 다음과 같이 조작정의 하였다.[133]

선거경쟁도 지표

$$EC = \frac{L}{W}$$

EC: 선거경쟁도
L: 낙선한 후보들의 득표율 (군소 후보의 득표율)
W: 당선된 후보의 득표율 (당선된 대통령의 득표율)

---

132) Vanhanen(1997), p.35에서 인용.

133) 박찬욱 교수는 "국회의원과 선거구민 간의 연계과정," 안청시 외, 『한국정치경제론』(서울: 법문사, 1990)에서 선거 경쟁도를 12대 선거 시 의원의 득표율로 지표를 설정하였으며, 반하넨은 군소 후보(낙선자)의 득표율(1-당선자의 득표율)을 경쟁도로 사용하였다. 그러나 본 연구에서는 후보자가 어느 정도의 경쟁성을 가지고 당선되었는가를 알 수 있는 경쟁도의 기준(Competitiveness Index)을 마련하고자하는 목적으로 낙선자와 당선자의 득표비율로서 선거경쟁도 지표로 사용하였다.

여기에서 EC의 값은 1.00을 기준으로 하여 현 대통령이 ① EC＝1.00인 경우에는 정확히 50%의 득표율로, ② EC〉1.00일 때에는 득표율 50% 미만으로, ③ 그리고 EC〈1.00의 경우에는 득표율 50%를 초과한 가운데 당선되었음을 의미한다. 따라서 EC값이 크면 클수록 (선거경쟁도가 높으면 높을수록) 현 대통령이 선거에서 확보한 국민적 지지기반의 수준이 떨어진다는 의미가 된다.

나. 경제적 변인

① 경제성장도: GDP 평균성장률(GDP)

현대 국가에 있어서 정부의 안정성을 파악하기 위해 고려해야 할 중요한 측면 가운데 한 가지는 경제적 측면에서 나타나는 정책수행도 (policy performance level)이다. 즉, 경제적인 정책수행도는 국민의 요구에 대한 정부의 충족능력과 그에 따른 국민적 지지의 수준이라는 측면에서 정치체계 자체의 안정성과 직결된다고 말할 수 있으며, 실제로 이러한 가설을 입증하는 수많은 경험적 연구가 이루어져 왔다. 예로서 올카(H. Alker)·러셋(B. Russett),[134] 플라니건(W. Flanigan)·포겔먼(E. Fogelman),[135] 슈나이더(P. Schneider)·슈나이더 (A. Schneider),[136] 파이어라벤드·파이어라벤드,[137] 헌팅턴(S.

---

134) Alker, H. and Russett, B., "The Analysis of Trends and Patterns," Russett, M., *et al. eds., World Handbook of Political and Social Indicators*(New Haven and London: Yale University Press, 1964).

135) Flanigan, W. and Fogelman, E., "Patterns of Political Violence in Comparative Historical Perspective," Gillespie, J. and Nesvold, B. eds., *Macro-Quantitative Analysis, Conflict, Development, and Democratization* (Beverly Hills, California: Sage, 1971), pp.441-473.

136) Schneider, P. and Schneider, A., "Social Mobilization, Political Institutions, and Political Violence," *Comparative Political Studies,*

Huntington)[138] 등은 사회근대화에 따른 경제성장과 정치안정 사이의 관계를 측정하여 양자 간에 정방향, 혹은 역방향의 선형적(linear) 관계가 존재함을 밝혀낸 바 있다. 따라서 정부, 즉 내각의 안정성을 결정하는 인자들을 도출하기 위한 본 연구에 있어서도 이러한 경제적 변인을 반드시 고려해야 하기 때문에, 우선 거시경제정책상의 성취도를 보여주는 경제성장도를 독립변인으로 상정하기로 한다.

어떤 국가의 경제성장, 보다 정확히는 경제체계의 산출량(economic output) 확대를 국민소득계수에 입각해서 측정할 수 있다는 것은 주지의 사실이다.[139] 즉, 총체적인 경제체계의 맥락에서 볼 때, 경제성장은 "경제적 생산의 안정적인 양적, 비율적 증대(a steady increase in the amount and rate of total economic production)"를 의미한다.[140] 그리고 이와 같은 경제적 생산의 규모를 파악하기 위해서는 통상적으로 국민총생산(GNP) 혹은 국내총생산(GDP) 등의 지표를 이용하나,[141] 본 연구에서는 GDP를 경제성장지표로서 채택하기로 한다. 그 이유는 오늘날과 같이 교역이나 상호투자를 통해 국가들 간의

4(1971), pp.69-90.

137) Feierabend, I. and Feierabend, R., "The Relationship of Systemic Frustration, Political Coercion, and Political Instability: A Cross-National Analysis," Gillespie, J. and Nesvold, B. eds., *Macro-Quantitative Analysis, Conflict, Development, and Democratization*(Beverly Hills, California: Sage, 1971), pp.417-440.

138) Huntington, S., *Political Order in Changing Societies*(New Haven, Connecticut: Yale University Press 1968).

139) 한창호, 『경제학 원론』(서울: 일신사, 1985) pp.392-393.

140) Kuznets, S., *Economic Growth of Nations, Total Output and Production Structure*(Cambridge, Massachusetts: Harvard University Press, 1971), pp.51-98 참조.

141) 이러한 지표들로서는 국민총생산과 국내총생산 외에 국민순생산, 국민소득, 개인소득, 가처분 소득이 있다.

경제적 상호의존성이 급격히 심화되고 있는 상황하에서 일국의 경제
규모를 자국의 생산요소에 의해 배타적으로 이루어진 국민총생산
(GNP)으로 측정하는 것은 적절하지 못하며, 따라서 내국인에 의한
것이든 외국인(혹은 외국인 소유의 생산요소)에 의한 것이든 국내에
서 이루어진 연간 국내총생산을 지표로서 받아들이는 것이 보다 타
당하다고 판단되기 때문이다.

그런데 본 연구에 있어서는 종속변인이 시계열 분석에 적합한 변인
이 아닌 관계로 독립변인 역시 일정 기간에 나타난 값을 대표하는 단
일지표로서 구축될 수밖에 없기 때문에, 연구대상기간에 걸쳐 각국이
달성한 연도별 GDP 성장률을 계측하여 그 평균, 즉 GDP 평균성장률
을 측정척도로서 사용하였다. 물론 일부 통계집에 연구대상국가의 연
도별 GDP 성장률에 관한 자료가 포함되어 있으나,[142] 각 국의 고유
한 화폐단위로 계측한 결과이기 때문에 정확한 비교지표로 삼기 어렵
다고 판단되어 1990년 기준 미 달러화(millions of US Dollars/1990
constant)로 제시된 GDP 통계를 이용, 연구자가 그 성장률을 계측하
였다.

② 국민경제생활수준: 소비자물가지수 평균상승률(PRICE)과 평균실업률(UNEMPLOY)

정부의 경제적 성취도를 측정할 수 있는 또 하나의 맥락은 국민경
제생활의 수준이다. 즉, 국민의 경제생활이 반드시 총체적인 경제체
계의 산출량 증대에 상응하여 윤택해진다고 볼 수는 없다. 따라서

---

142) 예로서 한국의 통계청이 발간한 『계간국제통계』, IMF의 *International
Financial Statistics Yearbook* 등에 각국의 고유한 화폐단위로 계측된
GDP와 그 성장률이 제공되어 있다.

경제적 변인들이 내각의 정책수행도에 대한 국민의 평가에 따른 압력요인으로 상정된 이상, 실질적인 국민경제생활의 수준을 측정할 수 있는 지표, 즉 이른바 '생활수준지표(living indicators)'가 반드시 요구된다. 이와 같은 생활수준지표로서는 일인당 에너지 소비량(per capita energy consumption), 주택보급률, 상수도 시설을 갖춘 주택의 비율(percent dwelling with piped water) 등이 다양한 지표들이 사용되나,[143] 여기에서는 보다 직접적인 지표로서 소비자물가지수와 실업률을 채택하기로 한다.

고용의 증대와 소비자물가의 안정 없이 국민경제생활은 향상될 수 없다. 왜냐하면 국민의 대다수가 임금노동(고용)을 통해 경제생활을 영위해 나가는 상황하에서 임금상승률은 물가상승률을 따라가지 못하는 것이 대부분의 경우이기 때문이다. 따라서 실업률의 증대에 따른 고용 감소와 소비자물가지수의 상승은 경제생활에 대한 국민의 불만과 좌절감을 유발시키며, 이러한 좌절감의 확산이 정치체계에 대한 심대한 압력으로 작용한다는 것은 굳이 좌절-공격 패러다임(Frustration-Aggression Paradigm)의 기본 명제를 빌지 않더라도 널리 확증된 사실이다.

예로서 로벗슨은 인플레이션(소비자물가 상승)이나 실업문제를 해

---

143) 통상적으로 사용되는 경제적 "생활지표"에 관해서는 Coleman, D. and Nixon, F., *Economics of Changes in Less Developed Countries* (Oxford: Philip Allen, 1978), pp.2-15에 자세히 언급되어 있음. 파이어라벤드 · 파이어라벤드 · 네스볼드는 이러한 지표들로서 일인당 칼로리 소비량(calories per capita per day), 전화를 소유한 사람들의 비율 (percent of opulation owning telephones) 등의 지표를 사용하고 있다. Feierabend, I., Feierabend, R., and Nesvold, B., "Social Change and Political Violence: Cross-national Patterns," Finkle, J. and Gable, R. eds., *Political Development and Social Change*(New York: Wiley, 1971), pp.590-591 참조.

결할 수 있는 능력이 정부(내각)의 경제적 성취도에 대한 국민 혹은 정치적 반대세력들의 평가에 있어서 가장 중요한 척도이며, 더 나아가 내각의 안정성을 결정하는 중요한 인자가 된다고 주장하고 있다.[144] 즉, 그는 의원내각제를 채택하고 있는 유럽 6개국(벨기에·독일·핀란드·프랑스·네덜란드·노르웨이)의 77개 연합 내각을 대상으로 하여 경제적 조건과 연합행위(coalition behavior) 양상 간의 경험적 관계를 추적하였다. 이를 보다 구체적으로 살펴보면, 물가와 실업이 내각의 안정성에 미치는 영향을 추적한 결과, ⓐ 내각안정성을 인플레이션과 실업률을 고려하지 않은 채 단순히 연합유형에 의해서만 판단하는 것은 적절하지 못하며, ⓑ 실업과 내각 자체의 이념적 변동(ideological displacement)을 통제했을 때 내각안정성에 대한 인플레이션의 독립적인 효과는 통계적으로 유의미하지 않고, ⓒ 과대규모 내각의 안정성은 인플레이션과 실업의 영향을 거의 받지 않음에 반해 과소규모 내각(undersized cabinet)과 최소승자연합 내각의 지속성은 실업률이 높을수록 짧아진다는 사실을 발견하였다는 것이다.[145]

로벗슨은 이 연구에 있어서 인플레이션을 월간 소비자물가지수(consumer price index) 변화율의 평균으로 측정하였고, 실업률 역시 특정 내각의 재임기간 동안 나타난 실업자 절대수의 월간 변화율 평균으로서 측정하였다.[146] 본 연구에 있어서도 국민경제생활수준의 변동에 따른 압력을 연구대상기간에 나타난 각 국가의 연도별 소비자물가지수 상승률의 평균(소비자물가지수 평균상승률)과 연도별 실

---

144) Robertson(1984), pp.693-709; Robertson(1983), pp.932-957 참조.
145) Robertson(1983) 재참조.
146) Robertson(1984), p.699.

업률의 평균으로 측정하기로 한다.

이제 이상은 변인들의 맥락정의 – 명목정의 – 조작정의를 요약해 보면 다음 〈표 2-2〉와 같다.

〈표 2-2〉 조작정의와 측정지표

이론적 정의		조작정의	측 정 방 식
구성개념	변 인	지 표	
정치안정	내각안정성	각료재임 가능 기간 평균점유율 (%) (CS)	$$CS = \frac{NOCM}{NOCM + NCCM} \times 100$$ CS: 내각안정성 NOCM: 최초로 구성된 내각의 각료수 NCCM: 대통령의 집권기간 중 교체된 각료수
정치적 압력	의회 내 정치세력의 분열양상	의회분절도 (Fp)	$$Fp = 1 - \frac{1}{n(n-1)} \sum_{i=1}^{Np} fi(fi-1)$$ Fp: 의회분절도 Np: 의회 내에 의석을 보유한 정당들의 수 n: 총의석수 fi: 각 정당이 차지한 의석수

	대통령의 국민적 지지기반	선거경쟁도 (EC)	$$EC = \frac{L}{W}$$ EC: 선거경쟁도
			L : 낙선한 후보들의 득표율
			  (군소 후보의 득표율)
			W: 당선된 후보의 득표율
			  (당선된 대통령의 득표율)

경제적 압력	경제성장도	평균 GDP 성장률(GDP)	연구대상기간에 걸쳐 각국이 달성한 연도별 GDP 성장률의 평균값
	국민경제 생활수준	소비자 물가지수 평균상승률 (PRICE)	연구대상기간 동안 각국의 연도별 소비자물가지수 상승률의 평균값
		평균실업률 (UNEMPLOY)	연구대상기간 동안 각국의 연도별 실업률 평균값

제4장 분석모형의 검증

제1절 연구가설 및 중다회귀모형

앞서 제시한 7개 분석모형을 계량통계적으로 검증하기 위해 중다회귀모형으로 전환하면 아래와 같다. 그런데 분석모형을 설정함에 있어서 각 독립변인과 종속변인 간의 관계방향(정방향 혹은 역방향)은 일단 본 연구의 성격이 탐구적 연구(explorative research)에 해당되기 때문에 구체적으로 밝히지 않았으나, 회귀분석의 결과에 따라 최종적으로 확증된 모형을 제시할 때 명시하기로 한다.

1. 기본모형

(1) 기본모형-1

▶ 연구가설-1: 내각안정성은 의회 내 정치세력의 분열양상, 대통령의 국민적 지지기반, 경제성장도 및 국민경제생활수준에 따라 영향을 받는다.

▷ 기본모형-1: $Y = a + b_1 X_1 + b_2 X_2 + b_3 X_3 + b_4 X_4 + b_5 X_5 + \varepsilon$

Y: 각료재임가능기간 평균점유율(CS)

X_1: 의회분절도(Fp)

X_2: 선거경쟁도(EC)

X_3: GDP 평균성장률(GDP)

X_4: 소비자물가지수 평균상승률(PRICE)

X_5: 평균실업률(UNEMPLOY)

(2) 기본모형-2

▶ 연구가설-2: 내각안정성은 의회 내 정치세력의 분열양상, 대통령
　　　　　　　의 국민적 지지기반에 따라 영향을 받는다.

▷ 기본모형-2: $Y = a + b_1 X_1 + b_2 X_2 + \varepsilon$

$\quad$ Y: 각료재임가능기간 평균점유율(CS)
$\quad$ X_1: 의회분절도(Fp)
$\quad$ X_2: 선거경쟁도(EC)

(3) 기본모형-3

▶ 연구가설-3: 내각안정성은 경제성장도와 국민경제생활수준에 따
　　　　　　　라 영향을 받는다.

▷ 기본모형-3: $Y = a + b_1 X_1 + b_2 X_2 + b_3 X_3 + \varepsilon$

$\quad$ Y: 각료재임가능기간 평균점유율(CS)
$\quad$ X_1: GDP 평균성장률(GDP)
$\quad$ X_2: 소비자물가지수 평균상승률(PRICE)
$\quad$ X_3: 평균실업률(UNEMPLOY)

2. 통제모형

(1) 통제모형-1

▶ 연구가설-1: 내각안정성과 의회 내 정치세력의 분열양상·대통령
　　　　　　　의 국민적 지지기반·경제성장도 및 국민경제생활수
　　　　　　　준 간의 상관관계는 의회 내 정치세력의 분열양상이

특정수준 이상이거나 미만일 경우에 따라 변화한다.

▷ 통제모형-1-A: $Y = a + b_1X_1 + b_2X_2 + b_3X_3 + b_4X_4 + b_5X_5 + \varepsilon$

if $X_1 \geq$ 일정 값

▷ 통제모형-1-B: $Y = a + b_1X_1 + b_2X_2 + b_3X_3 + b_4X_4 + b_5X_5 + \varepsilon$

if $X_1 <$ 일정 값

Y: 각료재임가능기간 평균점유율(CS)
X_1: 의회분절도(Fp)
X_2: 선거경쟁도(EC)
X_3: GDP 평균성장률(GDP)
X_4: 소비자물가지수 평균상승률(PRICE)
X_5: 평균실업률(UNEMPLOY)

(2) 통제모형-2

▶ 연구가설-2: 내각안정성과 의회 내 정치세력의 분열양상·대통령
의 국민적 지지기반·경제성장도 및 국민경제생활수
준 간의 상관관계는 국민적 지지기반이 특정수준 이
상이거나 미만일 경우에 따라 변화한다.

▷ 통제모형-2-A: $Y = a + b_1X_1 + b_2X_2 + b_3X_3 + b_4X_4 + b_5X_5 + \varepsilon$

if $X_2 \geq$ 일정 값

▷ 통제모형-2-B: $Y = a + b_1X_1 + b_2X_2 + b_3X_3 + b_4X_4 + b_5X_5 + \varepsilon$

if $X_2 <$ 일정 값

• Y, X_1, X_2, X_3, X_4, X_5는 통제모형-1과 동일

(3) 통제모형-3

▶ 연구가설-3: 내각안정성과 의회 내 정치세력의 분열양상, 대통령
　　　　　　의 국민적 지지기반, 경제성장도 및 국민경제생활수
　　　　　　준 간의 상관관계는 소비자물가지수 평균상승률이
　　　　　　특정수준 이상이거나 미만일 경우에 따라 변화한다.

▷ 통제모형-3-A: $Y = a + b_1X_1 + b_2X_2 + b_3X_3 + b_4X_4 + b_5X_5 + \varepsilon$
　　　　　　if $X_4 \geq$ 일정 값

▷ 통제모형-3-B: $Y = a + b_1X_1 + b_2X_2 + b_3X_3 + b_4X_4 + b_5X_5 + \varepsilon$
　　　　　　if $X_4 <$ 일정 값

● Y, X_1, X_2, X_3, X_4, X_5는 통제모형-1과 동일

(4) 통제모형-4

▶ 연구가설-4: 내각안정성과 의회 내 정치세력의 분열양상, 대통령
　　　　　　의 국민적 지지기반, 경제성장도 및 국민경제생활수
　　　　　　준 간의 상관관계는 평균경제성장률이 특정수준 이
　　　　　　상이거나 미만일 경우에 따라 변화한다.

▷ 통제모형-4-A: $Y = a + b_1X_1 + b_2X_2 + b_3X_3 + b_4X_4 + b_5X_5 + \varepsilon$
　　　　　　if $X_3 \geq$ 일정 값.

▷ 통제모형-4-B: $Y = a + b_1X_1 + b_2X_2 + b_3X_3 + b_4X_4 + b_5X_5 + \varepsilon$
　　　　　　if $X_3 <$ 일정 값

● Y, X_1, X_2, X_3, X_4, X_5는 통제모형-1과 동일

제2절 변인의 사례별 분포양상

1. 종속변인: 내각안정성(CS)

종속변인에 해당되는 내각안정성 지표의 값을 측정하기 위해 연구
기간에 걸쳐 21개 사례 내에서 발생한 각료의 교체회수를 모두 추적
해 본 결과, 한국이 총 101회로서 가장 높은 빈도수를 나타내었다.
그 다음으로 베네수엘라, 콜롬비아, 필리핀이 각각 38회, 34회, 31회
로 30회 이상 각료를 교체하였고, 페루 24회, 볼리비아와 파라과이
23회, 에콰도르 22회, 브라질과 니카라과가 21회를 나타내고 있음에
따라 연구대상국가의 평균 각료교체회수인 20회를 상회하는 국가들
은 10개국으로 나타났다. 나머지 11개국은 평균 이하의 교체회수를
보이고 있으며, 그 가운데에서 스리랑카(15회) 사이프러스(12회), 코
스타리카(12회), 멕시코(11회) 등 4개국은 10회 이상, 아르헨티나(8),
엘살바도르(7), 온두라스(6), 파나마(4), 과테말라(4), 우루과이(3)
등은 10회 미만, 그리고 도미니카 공화국은 연구기간 동안 한 번도
각료를 교체하지 않았음을 발견하였다(다음 〈표 3-1〉 참조).

<표 3-1> 국가별 각료교체회수 분포[147]

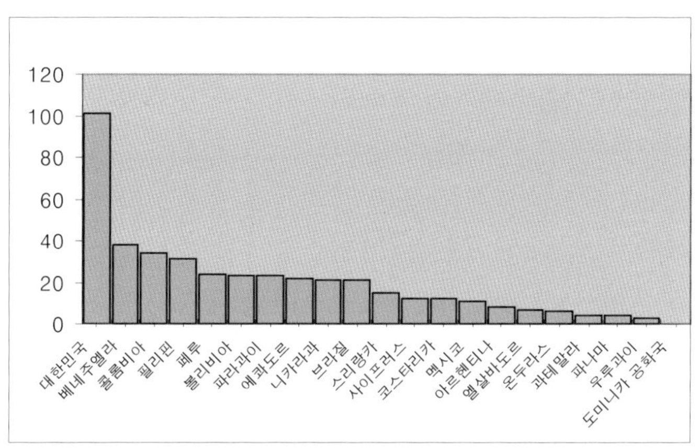

▶ 출처: *Keesing's Record of World Events*

이와 같은 각료교체의 절대회수는 앞서 지적한 바와 같이 연구대상국가의 대통령 임기(집권기간)가 서로 다른 관계로 상호비교의 척도가 될 수 없기 때문에, 앞서 조작정의를 내린 각료재임가능기간 평균점유율로서 종속변인의 값을 측정하였다. 측정 결과, 한국 21.71%, 콜롬비아 32%, 파라과이 34.29%, 에콰도르 38.89%, 볼리비아 41.03%, 페루 42.86%, 필리핀 45.61%, 베네수엘라 46.48%, 니카라과 47.50%, 사이프러스 50% 등 각료를 빈번히 교체한 10개 국가들의 경우 각료재임가능기간 평균점유율도 역시 낮음에 따라 내각의 안정성이 상대적으로 떨어지는 것으로 밝혀졌으나, 전반적으로 볼 때 순위에는 약간의 변화가 나타났다. 즉, 101회라는 가장 큰 각료교체회수(순위 1위)를 보인 한국은 재임가능기간 평균점유율에 있어서도 가장 낮지만(21.71%, 순위 1위), 교체회수 38회로서 순위가 2위인 베네수엘라는 46.48%로서 8위,

---

147) 국가별 각료교체회수에 관해서는 <부록 1> 각국별 내각변동 양상을 참조할 것.

<표 3-2> 국가별 각료재임가능기간 평균점유율의 분포[148]

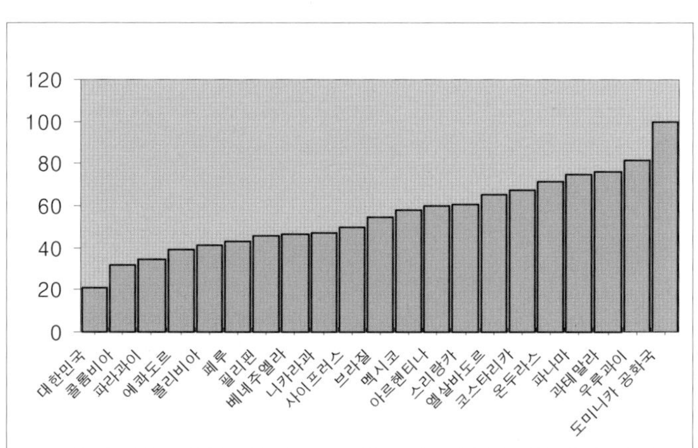

교체회수 순위 6위인 파라과이(23회)는 34.29%로서 3위, 교체회수 8
위(22회)인 에콰도르는 4위(38.89%) 등 다소 변동이 있음을 알 수
있다. 그러나 각료재임가능기간 평균점유율이 70%를 상회하는 온두
라스(71.48%), 파나마(75.00%), 과테말라(76.47%), 우루과이
(81.25%), 도미니카 공화국(100%)과 같은 국가들은 각료교체회수와
각료재임가능기간 평균점유율의 순위가 거의 일치하고 있다. 각 국
가들의 각료재임가능기간 평균점유율은 위의 <표 3-2>와 같다.

2. 독립변인

분석모형에 포함된 독립변인들은 앞서 밝힌 바와 같이 크게 정치
적 변인군(群)과 경제적 변인군(群)으로 양분되며, 각 변인믈의 국
가별 분포양상은 다음과 같이 나타나고 있다

---

148) 국가별 각료재임가능기간 평균점유율에 관해서는 <부록 1> 각국별 내각
     변동 양상을 참조할 것.

(1) 정치적 변인

가. 의회분절도(Fp)

21개 연구대상국가에서 의회가 정당별로 어느 정도로 균열되어 있는가를 측정하기 위한 의회분절도의 분포를 살펴보면, 브라질이 0.88, 에콰도르가 0.86으로 대단히 높은 분절도를 보여주고 있으며, 그 다음으로 베네수엘라 0.79, 볼리비아 0.74, 사이프러스 0.72, 필리핀 0.71, 우루과이와 파나마가 0.70, 그리고 엘살바도르와 페루가 각각 0.68 및 0.66으로 평균분절도 0.66을 상회하고 있다. 평균분절도에 미치지 못하는 수준을 나타내는 국가들은 총 11개국으로서, 과테말라(0.64)를 비롯하여 한국과 아르헨티나(0.63), 스리랑카(0.61), 도미니카 공화국과

<표 3-3> 각국별 의회분절도 분포149)

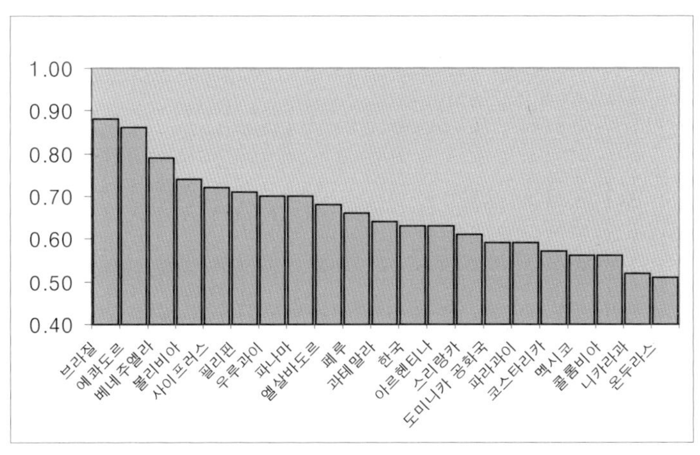

▶ 출처: *Keesing's Record of World Events, Political Database of Americas*

---

149) 의회분절도를 측정하기 위한 각국의 의회 내 정당별 점유 의석수에 관한 상세한 내역은 <부록 2> 의회 내 정당별 의석점유 양상을 참조할 것.

파라과이(0.59), 코스타리카(0.57), 멕시코와 콜롬비아(0.56), 니카라과(0.52) 등이 이에 포함된다. 그리고 온두라스가 분절도 0.51을 기록하여 21개 연구사례 가운데 가장 낮은 분절도, 즉 안정적인 양당구조를 나타내고 있다.

나. 선거경쟁도(EC)

대통령의 국민적 지지기반을 가늠하는 지표가 되는 선거경쟁도는, 이미 분석모형의 구조에서 상세히 언급한 바와 같이 1.00을 기준으로 하여 1.00인 경우는 현 대통령(당선자)이 50%의 득표율로 당선되었음을, 1.00을 상회할 때에는 득표율 50% 미만으로, 그리고 1.00을 넘지 못할 경우에는 득표율 50% 이상으로 당선되었음을 의미한다.

<표 3-4> 국가별 선거경쟁도 분포[150]

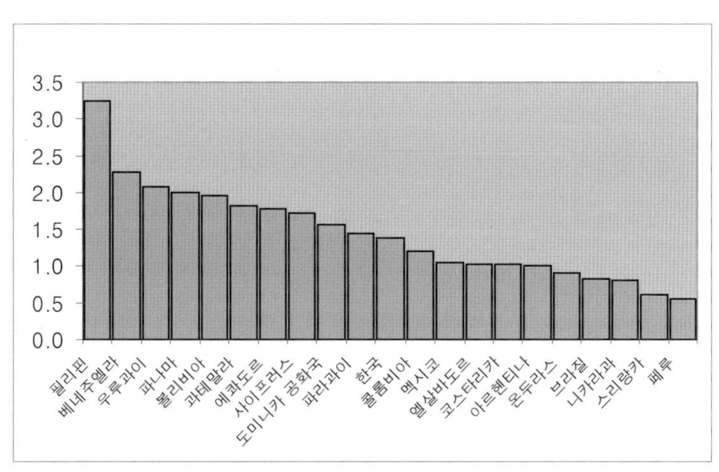

▶ 출처: *Election around the World*

---

150) 선거경쟁도를 측정하기 위한 대통령 선거 시 당선자와 그 외 후보들의

　이러한 선거경쟁도가 21개 연구대상국가들 가운데 어떻게 분포되어 있는가를 살펴보면, 위의 〈표 3-4〉에 나타나는 것과 같이 필리핀(3.24), 베네수엘라(2.28), 우루과이(2.08), 파나마(2.00) 등 4개국은 당선자의 득표율이 23.60%−33.30% 정도로서, 여타 후보자들과의 경쟁이 극심했음을 단적으로 보여주고 있다. 전반적으로 볼 때, 평균 경쟁도 1.44를 넘어서는 볼리비아(1.96), 과테말라(1.81), 에콰도르(1.77), 사이프러스(1.72), 도미니카 공화국(1.57), 파라과이(1.44) 등 6개국은 당선자가 33.80%−40.90% 정도의 득표율을 보이고 있음에 따라 이들을 상대적으로 경쟁도가 높은 국가군으로 간주할 수 있을 것이다.

　한편 평균 이하의 경쟁도를 나타낸 국가들 가운데에서 한국(1.38), 콜롬비아(1.21), 멕시코(1.05), 엘살바도르(1.03), 코스타리카(1.02), 아르헨티나(1.01) 등 6개국은 당선자의 득표율이 40%대로서(41.96%−49.80%) 과반수를 상회하지 못하였으나, 온두라스(0.91), 브라질(0.84), 니카라과(0.82), 스리랑카(0.61), 페루(0.55) 5개국은 과반수 이상의 득표율을 획득함으로써 현 대통령이 선거에서 완전한 압승을 거두었다.

　득표율에 관한 상세한 자료는 〈부록 3〉 국가별 대통령 득표율 현황을 참조할 것.

(2) 경제적 변인

가. GDP 평균성장률

〈표 3-5〉 국가별 GDP 평균성장률 분포[151]

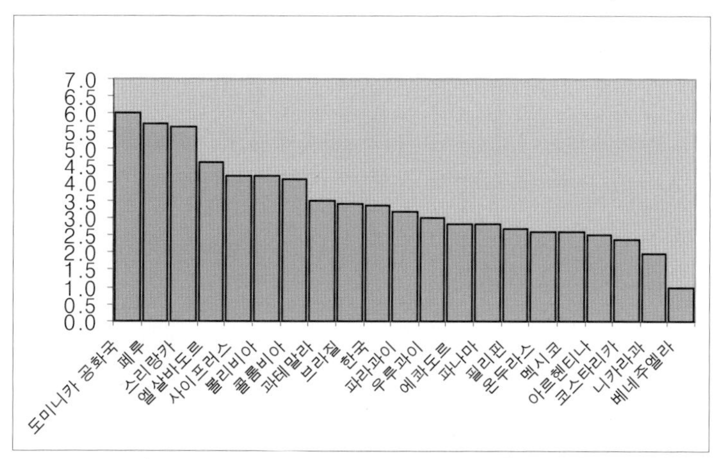

▶ 출처: *Basic Socio-Economic Data*(Inter-American Development Bank)

연구대상국들이 연구기간에 걸쳐 달성한 GDP 평균성장률의 분포
를 살펴보면, 도미니카 공화국이 6.0%로서 가장 높은 경제성장률을
나타낸 반면 베네수엘라는 1.00%로서 최하위를 차지하였다. 그리고
21개국 가운데 평균성장률 3.4% 이상을 달성한 국가들은 도미니카 공
화국(6.0%), 페루(5.7%), 스리랑카(5.6%), 엘살바도르(4.6%), 사이프
러스(4.2%), 볼리비아(4.18%), 콜롬비아(4.1%), 과테말라(3.5%), 브
라질(3.4%) 등 9개국이며, 한국(3.35%), 파라과이(3.16%), 우루과이

---

151) 국가별 평균경제성장률을 산정하기 위한 연구기간 동안의 각국의 국
　　내총생산에 관해서는 〈부록 4〉 각국의 연도별 GDP 현황에 상세히 제시
　　되어 있음.

(3.0%), 에콰도르와 파나마(2.8%), 필리핀(2.68%), 온두라스와 멕시
코(2.6%), 아르헨티나(2.5%), 코스타리카(2.38%), 니카라과(1.98%),
베네수엘라(1.0%) 등 12개국은 평균 이하의 성장률을 보이고 있다.

나. 소비자물가지수 평균상승률

연구사례 가운데에서 소비자물가지수의 평균상승률이 가장 높은
국가는 니카라과(1471.23%)로서, 가장 낮은 상승률을 보인 파나마
(1.18%)의 1,247배에 달하고 있다(아래 〈표 3-6〉 참조). 각 국가별
소비자물가지수 평균상승률의 분포를 보면, 니카라과, 멕시코
(96.90%), 베네수엘라(67.65%) 3개국은 엄청난 상승률을 나타내고
있으며, 브라질(36.70%), 에콰도르(34.82%), 우루과이 (30.10%),
온두라스(23.80%), 콜롬비아

〈표 3-6〉 국가별 소비자물가지수 평균상승률 분포[152]

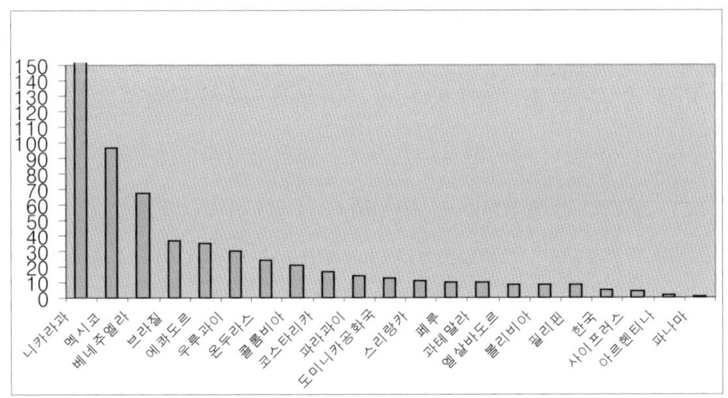

▶ 출처: *Basic Socio-Economic Data*(Inter-American Development Bank)

---

152) 국가별 소비자물가지수 평균상승률을 산정하기 위한 연구기간 동안의
    각국의 소비자물가지수에 관한 자세한 내역은 〈부록 5〉 각국 연도별 소

(20.88%) 등 5개국 역시 20%-36%에 달하는 높은 상승률을 보임으로써 국민경제생활수준의 심각한 하락현상을 보이는 국가군으로 분류될 수 있다. 그리고 코스타리카(16.85%), 파라과이(13.76%), 도미니카 공화국(12.10%), 스리랑카(10.67%), 페루(10.40%), 과테말라(10.15%), 엘살바도르(8.73%), 볼리비아(8.70%), 필리핀(8.42%) 등 9개국은 8%-17%의 비교적 낮은 상승률을 기록하고 있으며, 한국(4.98%), 사이프러스(3.80%), 아르헨티나(1.37%), 파나마(1.18%)는 소비자물가 평균상승률이 5% 이하로서, 연구사례 중에서 국민경제생활이 상대적으로 안정적인 국가라고 볼 수 있다.

다. 평균실업률

국민경제생활수준의 또 다른 지표가 되는 평균실업률의 분포를 살펴보면, 21개 연구대상국가들 가운데 니카라과(16.69%), 아르헨티나(16.53%), 파나마(16.27%), 도미니카 공화국(16.20%)등 4개국은 16%대의 고실업률을 보이고 있고, 스리랑카(13.05%), 우루과이(11.37%), 베네수엘라(11.23%), 콜롬비아(10.38%), 필리핀(9.53%), 페루(9.07%) 6개국은 21개국의 평균 8.94% 이상의 실업률을 나타내고 있다. 그리고 에콰도르(8.74%), 엘살바도르(7.40%), 파라과이(5.75%), 코스타리카(5.68%), 온두라스(5.63%), 브라질(5.27%), 과테말라(4.9%) 7개국은 21개국 평균에는 미치지 못하지만 약 5% 이상의 실업률을 보이고 있다. 기타 멕시코(4.83%), 볼리비아(4.18%), 사이프러스(2.63%), 한국(2.36%) 등 나머지 4개국은 5% 이하의 실업률을 나타냄으로써 연구대상 21개국들 중 평균실업률이 가장 낮은 집단에 속한다(다음 〈표 3-7〉 참조).

비자물가지수 상승률 현황에 제시되어 있음.

<표 3-7> 국가별 평균실업률 분포[153)

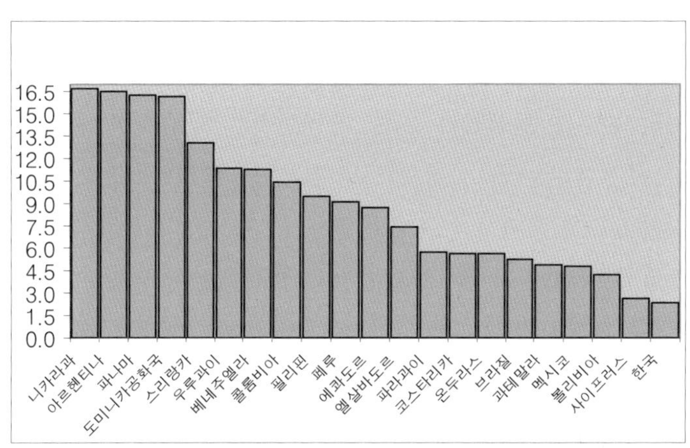

▶ 출처: *Basic Socio-Economic Data*(Inter-American Development Bank)

제3절 분석모형의 검증

1. 모형의 통계적 검증

모형의 검증은 제3장 연구설계에서 밝힌 바와 같이 중다회귀분석을 통해 수행하되, 통계적으로 유의미하지 못한 독립변인들을 모형구조로부터 차례로 제거시키는 방법인 후방소거방식을 채택하기로 한다. 주지하다시피 후방소거방식은 회귀식(모형)에 포함된 독립변인들의 부분회귀계수(部分回歸係數, BETA)값을 측정한 후, 그 값이 가장 작은 변인들로부터 시작해서 부분 F-검증을 차례

---

153) 국가별 평균실업률을 산정하기 위한 연구기간 동안의 각국의 연평균 실업률의 자세한 내역에 관해서는 〈부록 6〉 각국 연도별 실업률 현황을 참조할 것.

로 수행하여 그 결과가 통계적으로 유의미한 변인들만을 모형에 남겨놓는 방법이다. 이와 아울러 각 모형 속에 결정계수의 값을 왜곡시킬 수 있는 독립변인들 간의 중다공선성(multicolinearity)이 존재하는가의 여부를 탐색하기 위해, 톨러런스값(tolerance value)[154]을 이용한 공선성 통계를 살펴보기로 한다. 즉 톨러런스값이 일반적인 기준치인 0.10을 초과하지 못하는 변인들은 모형으로부터 제거된다.

검증될 모형은 앞서 제1절에서 밝힌 바와 같이 크게 두 가지로서, 먼저 연구사례 전체를 대상으로 모든 독립변인, 2개 정치적 변인 및 3개 경제적 변인들을 각기 상정한 기본모형-1, 2, 3의 통계적 타당성을 점검해 보기로 한다. 두 번째로, 의회분절도, 선거경쟁도, 소비자물가지수 평균상승률 및 GDP 평균성장률을 각기 어떠한 수준 이상과 미만으로 통제하였을 때 어떠한 사례에서 어떠한 독립변인들이 설명능력을 갖는가를 탐색하기 위한 통제모형-1, 2, 3을 차례로 검증해 보기로 한다.

(1) 기본모형의 검증

가. 기본모형-1: 정치적 변인과 경제적 변인의 영향력

모형검증의 첫 단계로서, 연구대상 21개국 각료들의 재임가능기간 평균점유율을 종속변인으로, 2개 정치적 변인(의회분절도·선거경쟁도)과 3개 경제적 변인(GDP 평균성장률·소비자물가지수 평균상승

---

154) 톨러런스값은 회귀모형 내의 특정한 독립변인의 변량 가운데에서 나머지 독립변인들에 의해 설명될 수 없는 변량이 어느 정도인가를 나타내주며, 따라서 그 값이 높을수록 중다공선성이 적다고 말할 수 있다. 김홍규, 『사회과학통계분석: SPSS for Windows』(서울: 나남출판, 1991), pp.289-290 참조.

률·평균실업률) 등 총 5개의 변인을 독립변인들로 상정하여(기본모형-1) 중다회귀분석을 수행한 결과, 아래와 같은 결과를 도출하였다.

<표 3-8> 기본모형-1의 검증결과

모형	제거된 변인들	중결정계수(R^2)	F값	Sig. F
1	선거경쟁도(EC)	0.244	1.291	0.314
2	GDP 평균성장률	0.240	1.785	0.188
3	의회분절도	0.206	2.335	0.126
4	소비자물가지수 평균상승률	0.140	3.083	0.095

모형	투입 변인들	비 표준화 회귀계수 B	표준화 회귀계수 Beta	t값	Sig. t	공선성 통계 (톨러런스값)
1	(상수)	59.232		1.727	0.103	
	의회분절도	−33.215	−0.180	−0.772	0.451	0.870
	GDP 평균성장률	1.056	0.072	0.307	0.763	0.871
	소비자물가지수 평균상승률	−1.815E−02	−0.306	−1.179	0.256	0.700
	평균실업률	1.838	0.460	1.951	0.069	0.853
2	(상수)	64.335		2.204	0.042	
	의회분절도	−35.656	−0.193	−0.867	0.398	0.901
	소비자물가지수 평균상승률	−1.980E−02	−0.334	−1.411	0.176	0.798
	평균실업률	1.870	0.467	2.052	0.056	0.864
3	(상수)	40.187		4.660	0.000	
	소비자물가지수 평균상승률	−1.641E−02	−0.277	−1.227	0.235	0.865
	평균실업률	1.903	0.475	2.105	0.050	0.865
4	(상수)	42.345	0.374	4.950	0.000	1.000
	평균실업률	1.495		1.756	0.095	

* 종속변인: 각료재임가능기간 평균점유율

위의 표에서 명백히 드러나듯이, 이 모형은 통계적 타당성과 유의미성을 전혀 갖지 못한다. 즉, 상정된 5개 독립변인들의 후방소거 과정을 통해 4차에 걸쳐 모형의 적합도가 추적되었으나, 평균실업률만을 유일한 독립변인으로 포함한 최종모형의 중결정계수(R^2)값이 0.140에 불과할 뿐만 아니라, F값(Sig. F=0.095)[155]이 유의수준 p=0.05를 만족시키지 못하고 있다.

나. 기본모형-2: 정치적 변인의 영향력

다음으로 의회분절도와 선거경쟁도 등 2개의 정치적 변인들만을 독립변인으로 상정하여 중다회귀분석을 수행하였으나, 이 모형 역시 후방소거 과정을 거친 후 아무런 통계적 의미를 갖지 못하는 것으로 밝혀졌다. 즉, 최종모형에서 모든 독립변인들이 제거됨에 따라, 설명능력이 전혀 없음을 알 수 있다(아래 〈표 3-9〉 참조).

〈표 3-9〉 기본모형-2의 검증결과

모형	제거된 변인들	중결정계수(R^2)	F값	Sig.
1	선거경쟁도	0.025	0.497	0.490
2	의회분절도	0.000	−	−

모형	투입 변인들	비 표준화 회귀계수 B	표준화 회귀계수 Beta	t값	Sig.	공선성 통계 (톨러런스값)
1	(상수)	75.172		2.691	0.015	
	의회분절도	−29.471	−0.160	−0.705	0.490	1.000
2	(상수)	−	−	−	−	−

* 종속변인: 각료재임가능기간 평균점유율

---

155) 주지하다시피, F값은 회귀분석모형에 있어서 독립변인을 이용하여 종속변인의 변이를 설명할 수 있는 설명변량과 오차변량의 비율을 지칭한다.

다. 기본모형-3: 경제적 변인의 영향력

마지막으로, GDP 평균성장률·소비자물가지수 평균상승률·평균
실업률 등 3개의 경제적 변인을 독립변인들로 상정한 기본모형-3을
역시 같은 방식으로 검증하였다.

아래의 〈표 3-10〉에 나타나듯이, 이와 같은 경제적 독립변인들 역
시 종속변인의 변량을 전혀 설명할 수 없음이 밝혀졌다. 즉, 모형에
최종적으로 남겨진 독립변인인 평균실업률의 t값(Sig. T=0.095)과
모형 자체의 통계적 유의미성이 확보되지 못하고 있을 뿐만 아니라
(Sig. F=0.095, p=0.05), 중결정계수의 값 또한 지극히 낮은 0.140에
불과하다.

〈표 3-10〉 기본모형-3의 검증결과

모형	제거된 변인들	중결정계수(R^2)	F값	Sig.
1	GDP 평균성장률	0.206	2.335	0.126
2	소비자물가지수 평균상승률	0.140	3.083	0.095

모형	투입변인들	비 표준화 회귀계수 B	표준화 회귀계수 Beta	t값	Sig.	공선성 통계 (톨러런스값)
1	(상수)	40.187		4.660	0.000	
	소비자물가지수 평균상승률	−1.641E−02	−0.277	−1.227	0.236	0.865
	평균실업률	1.903	0.475	2.105	0.050	0.865
2	(상수)	42.345		4.950	0.000	1.000
	평균실업률	1.495	0.374	1.756	0.095	

* 종속변인: 각료재임가능기간 평균점유율

이처럼 기본모형-1, 2, 3에 대한 중다회귀분석이 통계적으로 유의미한 결과를 산출하지 못함에 따라, 모형의 구조를 변경하여 정치적 변인(의회분절도·선거경쟁도)과 경제적 변인(소비자물가지수 평균상승률·GDP 평균성장률)을 각기 일정 수준으로 통제한 통제모형을 설계, 검증해 보기로 한다. 통제의 수준으로서는 일단 21개 사례의 평균치를 채택하되, 이러한 평균치가 지니는 이론적 의미를 확보하려 시도하였다. 각 독립변인의 평균치가 함축하는 이론적 의미에 관해서는 아래 "통제모형의 검증"에서 보다 상세히 밝히기로 한다.

(2) 통제모형의 검증

가. 통제모형-1: 의회분절도의 통제

① 통제모형-1-A: 의회분절도 0.64 이상의 국가

의회분절도를 일정 수준 이상과 미만으로 통제한 가운데 독립변인들과 종속변인 간의 관계양상을 추적하기 위해서는 우선 통제의 구간을 획정할 필요가 있다. 이를 위해 일단 의회분절도가 가장 높은 국가인 브라질(0.88)로부터 가장 낮은 온두라스(0.51)에 이르기까지 그 값을 내림차순으로 배열한 후, 평균치 0.66을 중심으로 하여 중다회귀분석상 통계적으로 유의미한 결과를 낳는 사례들을 차례로 선별해 보았다. 그 결과 분절도가 0.64 이상인 아래 11개 국가들 가운데 우루과이(0.70)를 제외한 10개 국가에 한해 평균실업률을 제외한 4개 독립변인들이 종속변인에 대한 강한 설명능력을 지니는 것으로 밝혀졌다.[156)]

---

156) 이러한 측면에서 우루과이는 본 통제모형으로 설명할 수 없는 이례, 혹

여기에서 통제모형의 기준치로 설정된 0.64가 지니는 이론적 의미는 다음과 같이 해석될 수 있을 것이다. 만약 두 개의 정당이 의석을 50%씩 양분하여 점유할 경우 분절도의 값은 0.5이며, 두 개의 주요 정당(major party)과 하나의 소수 정당(minor party)이 각각 의석의 45%, 45%, 10%를 점할 때에는 분절도의 값이 0.585가 된다. 또한 세 정당이 33.3%의 동일한 의석점유율을 가진다면 분절도의 값은 0.673이 된다. 따라서 분절도 0.64의 의미는 두 정당에 의해 의회가 주도되는 상태와 세 정당이 동일한 크기의 힘을 가지고 완벽한 균형을 이루고 있는 상태의 중간 정도의 수준, 다시 말해서 적어도 의회 내 세력배분양상이 두 정당에 의해 주도되는 상황은 벗어난 조건이라고 볼 수 있다.

<표 3-11> 의회분절도 순위: 0.64 이상

순 위	국가명	의회분절도
1	브라질	0.88
2	에콰도르	0.86
3	베네수엘라	0.79
4	볼리비아	0.74
5	사이프러스	0.72
6	필리핀	0.71
7	우루과이*	0.70
7	파나마	0.70
8	엘살바도르	0.68
9	페루	0.66
10	과테말라	0.64

* 분석사례에서 제외

은 일탈사례(deviant cases)가 된다. 이러한 일탈의 요인 및 배경에 관해서는 결론에서 상세히 언급하기로 한다.

<표 3-12> 통제모형-1-A의 검증결과

모형	제거된 변인들	중결정계수(R^2)	F값	Sig.
1	평균실업률	0.883	9.465	0.015

모형	투입 변인들	비 표준화 회귀계수 B	표준화 회귀계수 Beta	t값	Sig.	공선성 통계 (톨러런스값)
1	(상수) 의회분절도 선거경쟁도 GDP 평균성장률 소비자물가지수 평균상승률	271.575 −104.451 −26.184 −22.818 −0.850	 −0.610 −1.460 −2.116 −1.284	6.904 −2.890 −4.856 −5.282 −4.076	0.001 0.034 0.005 0.003 0.010	 0.524 0.258 0.145 0.235

* 종속변인: 각료재임가능기간 평균점유율

이제 이상과 같은 10개 국가들을 대상으로 한 중다회귀분석(후방소거방식)의 결과를 요약해 보면 위의 <표 3-12>와 같다.

위의 표에 나타나듯이, 의회분절도를 0.64 이상으로 통제할 경우 후방소거방식을 통해 제거된 평균실업률을 제외한 4개 독립변인들(의회분절도·선거경쟁도·GDP 평균상승률·소비자물가지수 평균상승률)과 종속변인 사이의 관계심도(중결정계수 R^2)는 0.883으로서 대단히 높게 나타나고 있다. 다시 말해서, 이러한 4개 독립변인들을 사용하여 종속변인의 변량을 약 88% 정도 설명할 수 있는 것으로 밝혀졌다. 또한 최종모형의 F값이 9.465(Sig. F=0.015)에 달하여 95%의 신뢰구간(유의수준 p=0.05)에서 영가설(零假說, null hypothesis)은 기각되고, 연구가설이 통계적으로 유의미하다는 것이 판명되었다. 이와 아울러 각 독립변인의 톨러런스값도 모두 기준치인 0.10을 상회하기 때문에 중다공선성이 존재하지 않는다고 볼 수 있으며, 따라서 본 통제모형-1-A는 통계적으로 볼 때 대단히 적합한 것으로 판정된다.

한편 최종모형에 남겨진 각 독립변인들의 표준화된 회귀계수(BETA)값을 비교해 보면, 종속변인에 대한 독립변인으로서의 영향력(설명능력)은 GDP 평균성장률(-2.116)이 가장 크고, 두 번째로 선거경쟁도(-1.460), 세 번째로 소비자물가지수 평균상승률(-1.284)의 순서이며, 의회분절도(-0.610)의 영향력이 가장 적다는 것을 알 수 있다.

이와 같은 결과를 놓고 볼 때, 연구사례들 가운데 상대적으로 높은 수준(0.64 이상)의 정치적 균열성이 표출되고 있는 10개 국가들의 경우, 경제성장률이 높아지지만 국민경제생활수준은 하락될수록(경제적 조건), 그리고 선거경쟁도와 분절도가 커질수록(정치적 조건) 내각의 불안정성이 커진다고 볼 수 있다. 이러한 사실은 기존의 사회변동론, 특히 그중에서도 정치불안정의 생성과정에 관한 거(T. Gurr)의 좌절-공격론(Frustration-Aggression Paradigm)의 이론적 전제[157]와 상당부분 합치하는 것으로서, 이에 관해서는 추후 다시 상세히 언급하기로 한다.

---

157) 좌절-공격이론에 따르면 사회근대화 과정의 중기단계에 위치한 정치체계의 산출(output), 특히 경제적 산출이 증가할 경우 경제생활수준의 향상이라는 측면에서 국민의 대정부 기대치(expectations)가 급격히 상승되며, 이때 기대치 상승으로 야기되는 압력을 충분히 수용할 수 있는 정부의 능력이 같은 속도로 증가되지 못한다면 국민들은 상대적 박탈감에 따른 좌절감에 빠지게 되고, 이러한 좌절감의 확산은 대정부 시위, 혹은 혁명과 같은 급진적·집단적 정치행동을 야기하게 됨으로써 정치불안정의 심도가 급격히 증대된다는 것이다. 본 연구의 분석틀 속에서는 이러한 국민의 압력이 통치구조의 차원에서 정부의 수반인 대통령으로 하여금 내각의 교체라는 대응행위를 수행하도록 강요하며, 특히 의회분절도와 선거경쟁도가 상당 수준에 이를 경우 내각교체의 상황적 조건이 더욱 강화된다고 볼 수 있을 것이다. Gurr, T., *Why Men Rebel*(Princeton, New Jersey: Princeton University Press, 1970); Gurr and Ruttenberg(1971), pp.187-215 참조.

<표 3-13> 확증된 통제모형-1-A

$Y = 271.575 - 104.451X_1 - 26.184X_2 - 22.818X_3 - 0.850X_4 + et$

$R^2 = 0.883$ $F = 9.465$ Sig. $F = 0.015(p = 0.05)$

	BETA
X_1: 의회분절도	−0.610
X_2: 선거경쟁도	−1.460
X_3: GDP 평균성장률	−2.116
X_4: 소비자물가지수 평균상승률	−1.284
Y: 각료재임가능기간 평균점유율	

▸ 통제구간: 의회분절도 0.64 이상

② **통제모형-1-B: 의회분절도 0.64 미만의 국가**

다음으로 의회분절도가 0.64 미만인 10개국(아래 〈표 3-14〉 참조)을 대상으로 중다회귀분석을 수행하여 아래 〈표 3-15〉와 같은 결과를 얻었다.

<표 3-14> 의회분절도 순위: 0.64 미만

순 위	국가명	의회분절도
1(11)	대한민국	0.63
1(11)	아르헨티나	0.63
2(12)	스리랑카	0.61
3(13)	도미니카 공화국	0.59
3(13)	파라과이	0.59
4(14)	코스타리카	0.57
5(15)	멕시코	0.56
5(15)	콜롬비아	0.56
6(16)	니카라과	0.52
7(17)	온두라스	0.51

▸ ( ) 안의 순위는 0.64 이상의 국가를 포함한 전체순위

<표 3-15> 통제모형-1-B의 검증결과

모형	제거된 변인들	중결정계수(R^2)	F값	Sig.
1	선거경쟁도	0.450	1.023	0.477
2	GDP 평균성장률	0.444	1.600	0.285
3	의회분절도	0.280	1.362	0.317
4	소비자물가지수 평균상승률	0.175	1.696	0.229
5	평균실업률	0.000		

모형	투입 변인들	비 표준화 회귀계수 B	표준화 회귀계수 Beta	t값	Sig.	공선성 통계 (톨러런스값)
1	(상수)	190.489		1.476	0.200	
	의회분절도	−280.127	−0.507	−1.237	0.271	0.654
	GDP 평균상승률	1.618	−0.099	0.227	0.829	0.583
	소비자물가지수 평균상승률	−3.083E−02	−0.623	−1.209	0.281	0.414
	평균실업률	2.690	0.656	1.450	0.207	0.538
2	(상수)	191.979		1.623	0.156	
	의회분절도	−276.046	−0.500	−1.332	0.231	0.658
	소비자물가지수 평균상승률	−3.364E−02	−0.680	−1.643	0.151	0.540
	평균실업률	2.914	0.710	2.017	0.090	0.747
3	(상수)	35.537		2.395	0.048	
	소비자물가지수 평균상승률	−1.770E−02	−0.358	−1.011	0.346	0.821
	평균실업률	2.338	0.570	1.610	0.151	0.821
4	(상수)	38.612		2.655	0.029	1.000
	평균실업률	1.716	0.418	1.320	0.229	
5	(상수)	55.272		7.700		

* 종속변인: 각료재임가능기간 평균점유율

앞서 지적한 바와 같이, 의회분절도가 상대적으로 낮은 국가들 (0.64 미만)에 있어서는 5개 독립변인들이 모두 설명변인으로서의 역할을 수행할 수 없음이 밝혀졌다. 즉, 후방소거방식을 통해 상정된 모든 독립변인들이 모형에서 제거되었으며, 따라서 본 모형은 통계적 적실성을 상실한다.

그러나 이러한 발견, 즉 의회분절도가 0.64에 미치지 못하는 국가들에 있어서는 그 이상의 수치를 갖는 국가들과 달리 독립변인들이 내각의 안정성에 영향력을 미치지 못한다는 사실은 의회분절도가 독립-종속변인 간의 인과관계에 개입하는 변인이라는 명백한 통계적 증거가 되며, 따라서 통제모형은 앞서 기본모형에 비해 상당한 설득력을 지닌다고 판단된다.

나. 통제모형-2: 선거경쟁도의 통제

① 통제모형-2-A: 선거경쟁도 1.02 이상의 국가

다음으로 선거경쟁도를 특정수준 이상과 이하로 구분하여 각 구간에 따른 독립변인-종속변인 간의 관계양상을 탐색해 보기 위해, 앞서 통제모형-1과 마찬가지 방식으로 통제모형-2-A와 통제모형-2-B를 검증해 보았다. 즉, 일단 최고의 경쟁도를 나타내는 필리핀(3.24)에서 시작하여 최저의 경쟁도를 보이는 페루(0.55)에 이르기까지 21개 연구사례들을 내림차순으로 배열한 후, 중다회귀분석을 통해 독립변인-종속변인 간에 유의미한 관계를 나타내는 경쟁도 1.02 이상의 10개 국가들을 선별하였다. 여기에서 경쟁도 1.02가 가지는 의미는 다음과 같이 해석될 수 있다. 앞서 밝힌 바와 같이, 경쟁도의 값이 1.00인 경우에는 당선자가 정확히 50%의 득표율로, 1.00을 상회

<표 3-16> 선거경쟁도 순위: 1.02 이상

순 위	국가명	선거경쟁도
1	필리핀	3.24
2	베네수엘라	2.28
3	우루과이*	2.08
4	파나마	2.00
5	볼리비아	1.96
6	과테말라	1.81
7	에콰도르	1.77
8	사이프러스	1.72
9	도미니카 공화국*	1.57
10	파라과이*	1.44
11	대한민국*	1.38
12	콜롬비아*	1.21
13	멕시코	1.05
14	엘살바도르	1.03
15	코스타리카	1.02

* 분석사례에서 제외

할 경우에는 득표율 50% 미만으로, 그리고 1.00에 미치지 못할 때에
는 득표율 50%를 초과하여 당선되었음을 의미한다. 따라서 경쟁도
1.02라는 값은 당선자의 득표율이 낙선자들의 총득표율에 미치지 못
함을 보여준다. 즉, 당선자가 총투표수의 과반수를 충분히 상회하는
득표율을 획득하지 못함에 따라, 광범위하고도 절대적인 국민적 지
지기반을 확보하는 데 실패하였다는 의미가 된다.

　도미니카 공화국·파라과이·콜롬비아·우루과이·한국 등, 위의
표에서 밝힌 5개 일탈사례를 제외한 선거경쟁도 1.02 이상 10개국을
대상으로 하여 중다회귀분석을 수행한 결과는 다음과 같다.

<표 3-17> 통제모형-2-A의 검증결과

모형	제거된 변인들	중결정계수(R^2)	F값	Sig.
1	GDP 평균성장률	0.779	4.404	0.068
2	선거경쟁도	0.702	4.715	0.051
3	소비자물가지수 평균상승률	0.605	5.353	0.039
4	평균실업률	0.437	6.207	0.037

모형	투입 변인들	비표준화된 회귀계수 B	표준화 회귀계수 Beta	t값	Sig.	공선성 통계 (톨러런스값)
1	(상수)	135.074		5.770	0.002	
	의회분절도	−107.994	−0.708	−2.880	0.035	0.732
	선거경쟁도	−6.989	−0.340	−1.317	0.245	0.665
	소비자물가지수 평균상승률	−0.162	−0.372	−1.718	0.147	0.945
	평균실업률	1.786	0.520	2.240	0.075	0.820
2	(상수)	138.433		5.614	0.001	
	의회분절도	−128.335	−0.841	−3.545	0.012	0.882
	소비자물가지수 평균상승률	−0.137	−0.315	−1.402	0.211	0.984
	평균실업률	1.484	0.432	1.834	0.116	0.894
3	(상수)	130.663		5.098	0.001	
	의회분절도	−122.316	−0.802	−3.190	0.015	0.894
	평균실업률	1.487	0.433	1.724	0.128	0.894
4	(상수)	126.871		4.451	0.002	1.000
	의회분절도	−100.847	−0.661	−2.491	0.037	

* 종속변인: 각료재임가능기간 평균점유율

<표 3-17>에 나타나듯이, 본 모형에서 상정된 5개 독립인들 가운데에서 마지막으로 모형에 남게 된 변인은 의회분절도 하나에 불과하다. 즉, 4차의 후방소거를 통해 독립변인들이 GDP 평균성장률→

<표 3-18> 확증된 통제모형-2-A

Y =126.871−100.847X_1 +et

R^2 =0.437   F =6.207   Sig. F =0.037(p =0.05)
                                                            BETA

X_1: 의회분절도   −0.661m

Y: 각료재임가능기간 평균점유율

▶ 통제구간: 선거경쟁도 1.02 이상

선거경쟁도→소비자물가지수 평균상승률→평균실업률의 순서로 소거되었다. 모형의 중결정계수값을 살펴보면, 변인제거작업의 1차 단계에서는 상당히 높은 0.779에 달하였으나, 마지막 4차의 최종모형에 있어서는 0.437로 감소되었다. 그러나 상대적으로 높은 선거경쟁도를 나타내는 국가들의 경우, 이러한 하나의 정치적 변인만으로도 내각의 안정성을 44% 정도 설명할 수 있다는 사실은 상당한 통계적·이론적 의미를 지닌다고 볼 수 있을 것이다. 한편 최종모형의 통계적 유의도는 Sig. F=0.037로서 충분히 확보되고 있으며, 남겨진 독립변인이 한 개인 이상 중다공선성을 전혀 고려할 필요가 없기 때문에 본 통제모형-2-A는 앞서 통제모형-1-A와 마찬가지로 통계적 적실성을 지닌다. 즉, 경쟁적인 정치체계 내에서는 의회분절도가 클수록 내각의 안정성(불안정성)이 낮아지는 경향을 보인다는 잠정적 결론을 도출할 수 있다.

그런데 본 모형의 경우에는 일탈되는 사례의 수가 앞서 통제모형-1-A에 비해 상당히 많은 5개국(우루과이, 도미니카 공화국, 파라과이, 대한민국, 콜롬비아)에 달하고 있다(위의 <표 3-16> 참조). 이러한 예외적 사례들 가운데에서 파라과이의 경우를 살펴보면, 장기간 지속된 군사독재의 여파, 바꾸어 말해서 일천한 민주정치의 경험이 예외성을 초래했다고 말할 수 있다. 즉, 1989년에 과거 35년간 집권한 알프레도 스트로스너(Alfredo Stroessner)의 군사정권이 붕괴된 이후, 1992년 6월 20일 공포된 새 헌법에 의해 치루어진 최초의 민주적 선거에서 후안 카를로스 와스모시(Juan Carlos Wasmosy)가 40.9%의 득표율로 당선되었다. 그런데 와스모시 대통령은 의회분절도가 비교적 낮은 상황[158]에도 불구하고 내각을 23회나 교체하여 파라과이는 연구대상 21개국 가운데에서 19번째로 낮은 각료재임가능기간 평균점유율(34.29%)을 나타내고 있다. 이는 민주주의적 정치질서가 아직 확고히 정착되지 못한 상태하에서, 내각구성을 포함한 대통령의 국정운영이 의회와의 협상과 거래라기보다는 권위주의적 전통에 영향을 받은 자의적인 판단에 따라 이루어졌음을 시사해 준다. 반하넨 역시 자신이 구축한 '국가능력 배분지수(IPR: Index of Power Resrouces)[159]'의 값을 근거로 파라과이가 "민주정치의 초기단계에 가까스로 진입(above the threshhold of democracy)"했다고 주장한다.[160] 즉, 파라과이는 아직 경제력의 배분에 있어서 민주정치의 정착에 장애가 되는 편중된 양상을 보여주고 있으며, 여타 사

---

158) 의회분절도값이 0.59로서, 이는 의회가 거의 양당에 의해 주도되나 여당이 과반수의 의석을 획득한 상황에 해당된다.

159) 반하넨의 IPR 지수는 직종분화지수(IOD, Index of Occupational Diversification), 지식배분지수(IKD, Index Knowledge Distribution) 및 경제력 배분지수(DER: Index of Distribution of Economic Power Resources)를 통합한 지수로서, 총체적인 국가능력자원의 분포양상을 나타낸다. 여기에서 IOD는 총인구 중 도시거주민의 비율과 비농업종사자의 비율을, IKD는 인구 10만 명당 대학생 및 그에 준하는 학력을 지닌 자들의 수와 성인 가운데 문자해득가능자의 비율을, 그리고 DER은 농업경제부문에서 개인의 농지소유와 통제권에 기반을 둔 경제력의 배분수준과 비농업경제부문에 있어서 생산수단의 소유 및 통제권에 기초한 경제력의 분화 정도를 각각 통합한 지수이다. Vanhanen(1997), pp.42-60 참조.

160) Vanhanen(1997), p.115.

회적 여건 역시 민주주의적 정치제도의 붕괴가능성을 완전히 무시할 수 없을 정도로 위태롭다는 것이다.[161]

파라과이의 예외성은 이와 같이 설명될 수 있겠으나, 여타 4개국[162]이 어떠한 사회문화적·정치경제적 특징으로 말미암아 모형의 설명범주를 벗어나는가에 관한 면밀한 사례연구, 즉 모형에 포함되지 않은 외생변인(外生變因, exogeneous variables)의 탐색을 위한 이례분석(異例分析, deviant case studies)이 후속연구를 통해 이루어져야 할 것이다.[163]

② 통제모형-2-B: 선거경쟁도 1.02 미만의 국가

위의 15개국에 비해 상대적으로 선거경쟁도가 낮은 국가들(〈표 3-19〉)은 6개국에 불과하며, 따라서 중다회귀분석을 수행함에 요구되는 최소한의 사례수(10개)에 미치지 때문에 통계적으로 유의미한

---

161) Vanhanen(1997), p.115 참조.

162) 우루과이와 도미니카 공화국의 예외성에 관해서는 결론에서 상술하기로 한다.

163) 이른바 이례분석, 혹은 "임상적(臨床的) 사례분석(clinical case studies)"은 기존이론 또는 모형과 합치하지 않거나 설명의 범주에 포함될 수 없는 사례의 집중적 연구를 지칭하는데, 보다 구체적으로는 분석모형의 구축과정에서 누락된 변인, 혹은 변인 간의 관계를 새롭게 찾아내거나, "기왕에 사용된 변인의 조작정의를 재검토"함으로써 모형의 설명능력을 확장하려는 목적을 지니고 있다. 이와 아울러, "기존이론을 통해서는 해답을 찾을 수 없는 새로운 연구퍼즐들을 제시함으로써 이론적 발전의 계기를 제공"하려는 목적도 지닌다. 김웅진·김지희, 『비교사회연구방법론』(서울: 한울, 2000), pp.71-76; Dogan, M. and Pelassy, D., *How to Compare Nations, Strategies in Comparative Politics* (Chatham, New Jersey: Chatham House, 1984), pp.107-110; Lijphart, A., "Comparative Politics and the Comparative Method," *American Political Science Review*, 65(1971), pp.691-693 참조.

<표 3-19> 선거경쟁도 순위: 1.02 미만

순 위	국가명	선거경쟁도
1(16)	아르헨티나	1.01
2(17)	온두라스	0.91
3(18)	브라질	0.84
4(19)	니카라과	0.82
5(20)	스리랑카	0.61
6(21)	페 루	0.55

▶ ( ) 안의 순위는 1.03 이상의 국가를 포함한 전체 순위

회귀모형을 도출할 수 없다. 그러나 앞서 검증한 모형-2-A가 경쟁도 1.02 이상의 국가에 한해 타당하다는 결론을 잠정적으로 뒷받침하기 위해 분석을 수행한 결과, 5개 독립변인이 모두 제거되었을 뿐만 아니라 중결정계수의 값도 0.00으로 계측되었다.

다. 통제모형-3: 소비자물가지수 평균상승률의 통제

① **통제모형-3-A: 소비자물가지수 평균상승률 10.40% 이상의 국가**

세 번째로, 경제적 변인 가운데에서 국민경제생활수준의 지표가 되는 소비자물가지수를 일정 수준 이상과 미만으로 구분한 모형을 검증하기 위해 정치적 변인들을 통제한 경우와 마찬가지 방식으로 중다회귀분석을 수행하였다. 통제의 수준으로서는 통상적으로 주행성 인플레이션(galloping inflation)의 시발점으로 간주되는 상승률 10% 내외를 기준으로 하여 모형이 성립되는 값인 10.40%를 선정하였다. 주행성 인플레이션이란 연간 10%~수십%까지의 물가상승률이 지속되는 현상[164]을 지칭하며, 이러한 현상이 발생하게 되면 통

---

164) 김철운·권오철, 『물가의 인과관계 및 정보체계론』(서울: 한국물가협

화량 증가, 물가상승 및 환시세 하락 등의 요인들이 상호작용 함으로써 물가는 급상승하고 인플레이션은 더욱 가속화된다.[165]

이와 같이 소비자물가지수 평균상승률이 10.40% 이상인 13개 국가(〈표 3-20〉)를 대상으로 모형을 검증한 결과, 스리랑카·우루과이·도미니카 공화국을 제외한 10개 국가에서 선거경쟁도·GDP 평균성장률·소비자 물가지수 평균상승률이 내각의 안정성에 상당한 수준의 영향을 미친다는 사실을 발견하였다.

〈표 3-20〉 소비자물가지수 평균상승률 10.40% 이상의 국가

순 위	국가명	소비자물가지수 평균상승률(%)	경제력배분지수 (DER)*
1	니카라과	1471.23	34.4
2	멕시코	96.90	37.6
3	베네수엘라	67.65	37.2
4	브라질	36.70	35.2
5	에콰도르	34.82	38.8
6	우루과이**	30.10	46.8
7	온두라스	23.80	25.2
8	콜롬비아	20.88	12.1
9	코스타리카	16.85	45.9
10	파라과이	13.76	17.7
11	도미니카 공화국**	12.10	36.4
12	스리랑카**	10.67	62.0
13	페 루	10.40	34.4

* 농업경제부문에서 개인의 농지소유와 통제권에 기반을 둔 경제력의 배분수준과 비농업경제부문에 있어서 생산수단의 소유 및 통제권에 기초한 경제력의 분화 정도를 통합하여, 한 사회 내에서 경제력이 얼마나 광범위하게 배분되어 있는지를 보여주는 지수로서 반하넨에 의해 구축되었음.[166]

** 분석사례에서 제외

회 출판국, 1990) p.27.

165) 한창호, 『경제학원론』(서울: 일신사, 1985) p.516.

166) Vanhanen(1997), pp.42-115, 특히 pp.47-56, 112-113, 142-143 참조.

위의 국가들을 대상으로 수행한 중다회귀분석의 결과를 살펴보면, 다음 〈표 3-21〉과 같다.

아래 〈표 3-21〉에서 볼 수 있듯이, 최종모형은 2차에 걸친 후방소거 과정을 거쳐 확정되었으며, 선거경쟁도(Sig. T=0.001), GDP 평균성장률(Sig. T=0.001), 소비자물가지수 평균상승률(Sig. T=0.006) 등 3개 변인이 설명능력을 지닌 독립변인으로 선별되었다. 이 세 변

〈표 3-21〉 통제모형-3-A의 검증결과

모형	제거된 변인들	중결정계수(R^2)	F값	Sig.
1	의회분절도	0.924	15.188	0.005
2	평균실업률	0.883	15.068	0.005

모형	투입변인들	비 표준화 회귀계수 B	표준화 회귀계수 Beta	t값	Sig.	공선성 통계 (톨러런스값)
1	(상수)	142.188		11.426	0.000	
	선거경쟁도	−43.105	−1.661	−5.532	0.003	0.169
	GDP 평균성장률	−17.082	−1.622	−6.031	0.002	0.210
	소비자물가지수 평균상승률	−3.943E−02	−1.343	−3.317	0.021	0.093
	평균실업률	1.947	0.545	1.645	0.161	0.138
2	(상수)	132.875		10.582	0.000	
	선거경쟁도	−32.856	−1.266	−6.199	0.001	0.468
	GDP 평균성장률	−13.687	−1.299	−6.228	0.001	0.449
	소비자물가지수 평균상승률	−2.133E−02	−0.726	−4.187	0.006	0.649

* 각료재임가능기간 평균점유율

인들을 이용한 종속변인의 변량설명도는 약 88%(R^2=0.883)에 달하며, 모형의 통계적 적합도는 Sig. F=0.003으로서 충분히 확보되었다.

또한 이들 간의 중다공선성을 점검하기 위해 각 변인의 톨러런스값을 점검한 결과, 모두 기준치인 0.10을 훨씬 넘어서기 때문에 중결정계수의 값은 왜곡되지 않았다고 말할 수 있다.[167]

한편 최종모형에 포함된 독립변인들의 종속변인에 대한 배타적 영향력을 비교해 보면, 선거경쟁도(BETA = -1.266)와 GDP 평균성장률(BETA = -1.299)이 거의 동일한 수준이며, 소비자물가지수 평균상승률(BETA = -0.726)의 영향력이 이들에 비해 떨어진다는 것을 알 수 있다.[168] 따라서 주행성 인플레이션의 국면에 진입함에 따라 경제생활수준이 급격히 하락함으로써 국민들의 좌절감과 불만이 확산되고 있는 국가들의 경우, 선거경쟁도가 높을수록, GDP 성장률이 높을수록, 그리고 소비자물가지수 평균상승률이 높을수록 내각이 불안정해진다는 잠정적 결론을 내릴 수 있을 것이다.

---

167) 또한 분석사례에 포함된 니카라과의 경우 그 값(1471.23)이 여타 사례의 값과 비교해 볼 때 극단적인 차이를 보이기 때문에, 이러한 극단적 값이 분석결과를 왜곡할 가능성이 있다(outlier problem). 이와 같은 왜곡의 가능성을 점검하기 위해 소비자물가지수의 범위를 최대치 300으로 선정, 그 값을 니카라과에 부여한 후 중다회귀분석을 수행한 결과, 본래의 값으로 검증한 결과와 중결정계수나 모형의 통계적 유의도에 있어서 거의 차이를 보이지 않았다. 또한 니카라과를 제외한 분석에 있어서도 본래의 분석결과와 차이를 나타내지 않았기 때문에, 니카라과의 값으로 인한 분석상의 왜곡은 나타나지 않았다고 볼 수 있다.
168) 그러나 소비자물가지수 평균상승율의 경우, 회귀계수가 0에 아주 근접하기 때문에 종속변인에 대한 영향력이 타 독립변인들에 비해 매우 미미하다고 볼 수도 있다.

<표 3-22> 확증된 통제모형-3-A

$Y=132.875-32.856X_1-13.687X_2-2.133E-02X_3+et$

$R^2=0.883$ 　　　　　　F=15.086 　　　　　Sig. F=0.003(p=0.05)

　　　　　　　　　　　　　　　　　　　BETA

X_1: 선거경쟁도 　　　　　　　　　　　　-1.266

X_2: GDP 평균성장률 　　　　　　　　　-1.299

X_3: 소비자물가지수 평균상승률 　　　　-0.726

Y: 각료재임가능기간 평균점유율

▶ 통제구간: 소비자물가지수 평균상승률 10.40% 이상

그런데 본 모형으로부터 일탈되는 예외 사례들[169] 가운데에서 스리랑카를 살펴보면, 반하넨이 제시한 경제력 배분지수(DER: Distribution of Economic Power Resources)의 값이 앞의 〈표 3-20〉에 나타나듯이 모형에 포함된 여타 사례들에 비해 대단히 높기 때문에, 경제배분구조의 상대적 형평성이 이러한 예외성을 야기하였을 것이라는 추론이 가능하다. 즉, 국민경제생활수준이 하락됨에도 불구하고 경제적 자원이 사회 각 부문에 광범위하고도 고르게 배분되어 있음에 따라, 국민들의 정부에 대한 불만이 어느 정도 상쇄되는 효과를 가져왔다고 볼 수 있다.[170]

---

169) 우루과이와 도미니카 공화국의 예외성에 관해서는 결론에서 상술하기로 한다.

170) 이와 아울러, 반하넨은 앞서 설명한 IPR 지수의 값을 근거로 스리랑카를 민주주의 국가로 규정하고 있다(IPR=10.5). 즉, 그는 스리랑카가 타밀 수수파(Tamil minority)와 신할레스 다수파(Sinhalese Majority) 사이의 오랜 종족 분쟁에도 불구하고 민주적 제도를 유지할 수 있었넌 것은 바로 이렇게 국가능력자원이 골고루 분포되어 있었기 때문이라고 주장하면서, 만일 타밀족과 만족할 만한 협상을 이루어낸다면 스리랑카의 민주정치를 위한 사회적 환경이 강화될 것이며, 이에 따라 민주적 제도들이 정착될 수 있을 것으로 예측하였다. Vanhanen(1997),

② 통제모형-3-B: 소비자물가지수 평균상승률 10.40% 미만의 국가

<표 3-23> 소비자물가지수 평균상승률 10.40% 미만의 국가

순 위	국가명	소비자물가지수 평균상승률(%)
1(14)	과테말라	10.15
2(15)	엘살바도르	8.73
3(16)	볼리비아	8.70
4(17)	필리핀	8.42
5(18)	대한민국	4.98
6(19)	사이프러스	3.80
7(20)	아르헨티나	1.37
8(21)	파나마	1.18

▶ ( ) 안의 순위는 10.40% 이상의 국가를 포함한 전체순위

위에서 구축한 모형-3-A를 뒷받침하기 위해 소비자물가지수 평균
상승률이 10.40 미만인 8개국(<표 3-23> 참조)을 대상으로 중다회귀
분석을 수행하였으나, 이 경우에도 모형-2-B와 마찬가지로 사례수의
부족이라는 문제점을 지닌다. 분석결과 모든 독립변인들이 제거되었
으며, 따라서 비록 통계적으로 단정적이지는 못하지만 모형-3-A의
설명능력이 이러한 사례들의 경우 상실된다고 말할 수 있을 것이다.

라. 통제모형-4: GDP 평균성장률의 통제

마지막으로, 경제체계의 산출량 증가지표가 되는 GDP 평균성장률
을 1986년－1996년간 전 세계 GDP 평균성장률 3.0%[171]를 중심으로

---

pp.142-143.

171) 1986년부터 1996년까지 11년간의 전 세계 GDP 평균성장률(3.0%)은
외교통상부가 간행한 『1998 APEC』(외교통상부 국제경제국 지역협
력과, 1998)에 제시된 "평균 GDP 성장률 비교"(p.134)에 나타난 자료

양분한 모형을 구축하여 보았다. 그 결과, GDP 평균성장률이 3.0% 이하인 10개국 중 우루과이를 제외한 9개국(다음 〈표 3-24〉 참조)에 있어서 의회분절도가 내각의 안정성과 상당한 심도를 지닌 역방향의 상관관계를 갖는다는 사실을 발견하였다. 그러나 GDP 평균성장률이 3.0%를 초과하는 파라과이(3.16%)·대한민국(3.35%)·브라질(3.40%)·과테말라(3.50%)·콜롬비아(4.10%)·볼리비아(4.18%)·사이프러스(4.20%)·엘살바도르(4.60%)·스리랑카(5.60%)·페루(5.70%)·도미니카공화국(6.0%) 등 11개 국가들의 경우, 최종모형의 F값(Sig. F=0.077)이 95%의 신뢰구간에서 영가설을 기각하지 못함으로 인해, 분석모형으로서의 적실성을 확보하지 못함을 알 수 있다.

<표 3-24> GDP 평균성장률 3.0% 이하의 국가

순 위	국 가	GDP 평균성장률(%)
1(12)	우루과이*	3.00
2(13)	파나마	2.80
3(14)	에콰도르	2.80
4(15)	필리핀	2.68
5(16)	멕시코	2.60
6(17)	온두라스	2.60
7(18)	아르헨티나	2.50
8(19)	코스타리카	2.38
9(20)	니카라과	1.98
10(21)	베네수엘라	1.00

* 분석사례에서 제외
▶ ( ) 안의 순위는 3.0%를 초과하는 국가를 포함한 전체순위

즉, 위의 9개국을 대상으로 한 중다회귀분석의 결과를 살펴보면,

를 이용하여 계측한 것임. 이 도표에는 전 세계, APEC, 선진국 및 개도국의 연도별 평균 GDP 성장률이 제시되어 있다.

최종모형에 남겨진 독립변인은 의회분절도와 소비자물가지수 평균성장률이며, 중결정계수의 값은 0.603으로서 상당한 수준에 이르고 있다. 그러나 소비자물가지수 평균성장률은 95% 수준에서 통계적 유의미성을 상실하기 때문에(Sig. T=0.074) 의회분절도만이 설명능력을 지닌다고 말할 수 있다(다음 〈표 3-25〉 참조).

<표 3-25> 통제모형-4의 검증결과

모형화 단계	제거된 변인	중결정계수(R^2)	F값	Sig.
1	GDP 평균성장률	0.734	2.766	0.174
2	선거경쟁도	0.726	4.426	0.072
3	평균실업률	0.603	4.555	0.062

모형	투입변인	비표준화 회귀계수 B	표준화 회귀계수 Beta	t값	Sig.	공선성통계 (톨러런스값)
1	(상수)	109.648		5.201	0.006	
	의회분절도	−87.733	−0.847	−2.233	0.089	0.461
	선거경쟁도	−1.942	−0.125	−0.347	0.746	0.514
	소비자물가지수 평균상승률	−2.284E−02	−0.858	−2.573	0.061	0.597
	평균실업률	1.099	0.420	1.376	0.241	0.712
2	(상수)	112.095		6.216	0.001	
	의회분절도	−96.092	−0.928	−3.410	0.019	0.738
	소비자물가지수 평균상승률	−2.250E−02	−0.845	−2.810	0.038	0.604
	평균실업률	1.088	0.416	1.503	0.193	0.713
3	(상수)	112.881		5.693	0.001	
	의회분절도	−81.512	−0.787	−2.801	0.031	0.838
	소비자물가지수 평균상승률	−1.615E−02	−0.607	−2.159	0.074	0.838

* 각료재임가능기간 평균점유율

이렇게 볼 때, 21개 연구사례 가운데에서 GDP성장률이 전 세계 평균에 미치지 못하는 국가군 내에서는 의회분절도가 작을수록 내각이 안정된다는 잠정적 결론을 도출할 수 있을 것이다. 여기에서 주목할 만한 점은, 본 통제모형에 있어서도 선거경쟁도의 수준을 통제한 모형 2-A와 마찬가지로 의회분절도만이 독립변인으로 남겨진다는 사실이다. 따라서 의회분절도는 특히 경제성장도와 선거경쟁도가 상대적으로 낮은 조건하에서 배타적인 영향력을 발휘한다는 추론이 가능해 진다. 그러나 이 모형을 뒷받침하는 사례의 수가 9개국이기 때문에, 앞서 확증된 모형들의 경우와 비교해 볼 때 통계적 설득력이 상대적으로 떨어진다고 볼 수 있다.

<표 3-26> 잠정 확증된 통제모형-4

$Y = 112.881 - 81.512X_1 - 1.615E-02X_2 + et$

$R^2 = 0.603$	$F = 4.555$	Sig. $F = 0.062(p = 0.05)$[172]	
		BETA	Sig. T
X_1: 의회분절도		-0.787	0.031
X_2: 소비자물가지수 평균상승률		-0.607	0.074*
Y: 각료재임가능기간 평균점유율			

---

* 모형에서 제외
▶ 통제구간: GDP 평균성장률 3.0% 이하

---

172) 여기에서 Sig. F = 0.062로서 95% 수준의 신뢰구간을 약간 초과하나, 초과의 정도가 경미하다는 점(0.012)을 고려하여 본 모형의 통계적 적실성을 일단 수용하기로 한다.

2. 통계분석 결과의 요약

앞서 살펴본 바와 같이 기본모형-1, 2, 3이 통계적 타당성과 유의미성을 확보하지 못함에 따라, 정치적 변인들과 경제적 변인들을 일정 수준으로 통제한 통제모형을 정립하여 검증하였으며, 그 결과 다음 〈표 3-27〉에 나타난 것과 같은 3개의 확증된 통제모형과 1개의 잠정 확증된 모형을 구축할 수 있었다.

⊙ 의회분절도의 통제(통제모형-1-A)

의회분절도의 값이 0.64 이상인 브라질·에콰도르·필리핀·과테말라 등 10개국을 대상으로 분석을 수행한 결과, 평균실업률을 제외한 4개의 독립변인들이 내각안정성에 대한 높은 설명능력을 가진 것으로 나타남에 따라 본 통제모형은 통계적 적실성을 지닌 것으로 판명되었다.

그런데 통계적으로 확증된 회귀식을 살펴보면, 의회분절도·선거경쟁도·GDP 평균성장률·소비자물가지수 평균상승률 등 4개 독립변인들이 내각안정성과 특정한 방향의 상관관계를 지니고 있음을 알 수 있다. 즉, 연구사례들 가운데에서 상대적으로 의회분절도가 높은(0.64 이상) 10개 국가의 경우, 경제성장도는 높아지지만 국민경제생활수준은 하락할수록, 그리고 의회분절도와 선거경쟁도가 커질수록 내각의 불안정성이 커진다는 잠정적 결론[173]을 도출할 수 있다. 이는 경제성장도가 높아짐에 따라 국민의 경제적 기대치가 상승되는 상황하에서 실질적인 경제생활수준은 오히려 하락한다면 정부에 대한 국민

---

173) 여기에서 '잠정적'이라는 용어를 사용한 이유는 본 연구가 광범위한 교차사례분석을 통해 일반화된 통칙을 도출해 내려는 목적을 지니고 있지 않기 때문이다. 즉, 본 연구의 목적은 누차 강조한 바와 같이 본격적인 일반화 작업의 기초가 될 수 있는 분석모형의 설계에 있다.

의 불만과 압력이 커지게 되고, 이에 따라 국민적 지지기반이 취약할 뿐만 아니라 의회 내에서 다수파의 지지를 얻지 못하고 있는 대통령은 정책수행상의 비효율성이나 실패의 책임을 내각에 물어 각료의 교체라는 대응행위를 할 가능성이 높다는 점을 시사해 준다.

◉ 선거경쟁도의 통제: 통제모형-2-A

다음으로 필리핀·베네수엘라·사이프러스·코스타리카 등 (대통령)선거경쟁도가 1.02 이상인 10개국을 대상으로 5개의 독립변인들의 종속변인에 대한 설명능력을 추적한 결과, 4개의 독립변인들은 모형에서 제거되고 의회분절도만이 통계적으로 유의미한 것으로 판명되었다. 그런데 모형에 유일하게 남겨진 의회분절도와 내각안정성은 역방향의 상관관계를 지니는 것으로 나타났다. 즉, 선거에서 높은 지지율을 획득하지 못한 대통령은 국가정책의 수립과 집행에 있어서 강력한 추진력을 발휘할 수 있는 국민적 지지기반이 취약함에 따라, 국정운영에 대한 의회의 견제가 심하면 심할수록 내각에 정책실패의 책임을 물어 자신의 정치적 입지를 유지하려는 경향이 있다고 볼 수 있다.

◉ 소비자물가지수 평균상승률의 통제: 통제모형-3-A

국민경제생활수준의 지표가 되는 소비자물가지수 평균상승률이 10.40% 이상인 니카라과·멕시코·온두라스·파라과이 등 10개국을 대상으로 한 분석모형에서는 선거경쟁도, GDP 평균성장률, 소비자물가지수 평균상승률이 내각의 안정성과 역상관관계를 지니는 것으로 밝혀졌다. 즉, 소비자물가지수 평균상승률이 상대적으로 높은 국가들의 경우, 선거경쟁도가 높을수록, GDP 평균성장률이 높을수록, 그리고 소비자물가지수 평균상승률이 높을수록 내각이 불안정해진다고 볼 수 있다.

이는 경제생활에 대한 국민의 불만과 좌절감이 팽배해 있는 상황 하에서는, 국민적 지지도가 낮은 대통령일수록 정책성취도(policy performance)가 하락될 때 가해지는 정치적 압력에 대응하기 위한 방편으로서 내각에 책임을 물어 각료들을 교체할 가능성이 높다는 점을 시사해 준다. 즉, 경제성장도가 커짐으로써 국민들의 생활수준 향상에 대한 기대치는 급격히 향상되나, 물가안정을 이루기 위한 정부의 능력이 이러한 기대치의 상승으로 야기되는 압력을 충분히 수용할 수 있을 정도로 신장되지 못한다면, 대통령은 내각의 교체를 통해 압력을 정치적으로 해소하려 할 것이라는 추론이 가능해 진다.

⊙ GDP 성장률의 통제: 통제모형-4

경제체계의 총산출 증대, 즉 경제성장의 지표인 GDP 성장률을 3.0% 이하로 통제한 모형을 검증한 결과, 중다회귀분석 통해 다른 독립변인들은 모두 제거되고 의회분절도만이 내각의 안정성과 역방향의 상관관계를 지닌다는 것이 밝혀졌다. 다시 말하자면, 연구대상 21개국 중에서 파나마, 필리핀, 코스타리카, 베네수엘라 등 GDP성장률이 전 세계 평균에 미치지 못하는 국가군 내에서는 의회분절도가 작을수록 내각이 안정된다는 잠정적 결론을 도출할 수 있을 것이다. 여기에서 주목할 만한 점은, 본 통제모형에 있어서도 선거경쟁도의 수준을 통제한 모형 2-A와 마찬가지로 의회분절도만이 독립변인으로 남겨진다는 사실이다. 따라서 의회분절도는 특히 경제성장도와 선거경쟁도가 상대적으로 낮은 조건하에서 배타적인 영향력을 발휘한다는 추론이 가능해 진다. 그러나 이 모형을 뒷받침하는 사례의 수가 9개국이기 때문에, 앞서 확증된 모형들의 경우와 비교해 볼 때 통계적 설득력이 상대적으로 떨어진다고 볼 수 있다.

〈표 3-27〉 확증된 통제모형의 내역

확증된 통제모형 1-A	회귀방정식	$Y=271.575-104.451X_1-26.184X_2-22.818X_3-0.850X_4+et$ X_1: 의회분절도　　　　　　X_2: 선거경쟁도 X_3: GDP 평균성장률　　　X_4: 소비자물가지수 평균상승률 Y: 각료재임가능기간 평균점유율
	R^2	0.883
	F	9.465
	Sig. F p=0.05)	0.015
확증된 통제모형 2-A	회귀방정식	$Y=126.871-100.847X_1+et$ X_1: 의회분절도　　　　　Y: 각료재임가능기간 평균점유율
	R^2	0.437
	F	6.207
	Sig. F (p=0.05)	0.037
확증된 통제모형 3-A	회귀방정식	$Y=132.875-32.856X_1-13.687X_2-2.133E-02X_3+et$ X_1: 선거경쟁도　　　　　X_2: GDP 평균성장률 X_3: 소비자물가지수 평균상승률 Y: 각료재임가능기간 평균점유율
	R^2	0.883
	F	15.086
	Sig. F (p=0.05)	0.003
잠정확증된 통제모형 4-A	회귀방정식	$Y=112.881-81.512X_1-1.615E-02X_2+et$ X_1: 의회분절도　　　　　X_2: 소비자물가지수 평균상승률 Y: 각료재임가능기간 평균점유율
	R^2	0.603
	F	4.555
	Sig. F (p=0.05)	0.062

제5장 민주주의 체제의 정치안정

민주주의는 인간이 만들어낸 가장 "자연스러운 정치형태(natural form of government)"라는 브라이스(J. Bryce 1921)의 믿음과 인류의 정치경제적 · 사회문화적 진보는 민주주의의 확립을 통해 성취될 것이라는 낙관적인 기대에 상응하여, 지난 20세기는 민주주의의 범세계적 확산을 목도하여 왔다. 그러나 1980년대에 진입하면서 장기간에 걸쳐 민주주의 체제를 공고하게 유지하여 온 서유럽국가들은 지속적인 경제침체에 따른 만성적 실업과 빈곤, 범죄, 복지, 조세, 부패 등의 문제로 인해 심각한 정치적 위기에 봉착하게 되었다. 이러한 경제사회적 난제에 효율적으로 대처하지 못하는 정부의 무능력이 극명하게 표출되면서 정치체제(정치엘리트, 정부)의 국정운영 및 관리능력에 대한 신뢰와 지지가 급속히 하락하게 되었으며, 이로 말미암아 체제의 안정적 유지에 대한 위협, 나아가 위기상황이 표출되고 있는 실정이다. 국민－통치집단 간 상호협약의 제도화라는 민주정치의 핵심적 요건을 충분히 갖추고 있는 서유럽국가에서조차 이처럼 심각한 정치적 위기가 야기될 수 있다는 사실은 민주주의 체제의 수립 및 유지가 곧 체제안정, 정치안정을 의미하는 것은 아니라는 사실을 여실히 보여주고 있다. 바꾸어 말해서, 단순한 민주주의 체제로의 이행이 체제안정을 보장한다고 단언할 수는 없다. 오늘날 한국에서는 진보 · 보수를 막론하고 모든 정치세력이 스스로를 '민주주의자'라 일컬으며 민주주의 체제의 공고화 내지는 민주화의 방식과 수준에 관심을 집중하고 있다. 그러나 앞서 언급한 바와 같이 민주화의 수준과 체제의 안정성은 별개의 것이며, 민주화의 수준(민주성)은 민주주의 체제의 안정적 운영이 확보될 경우에 한해 의미를 가질 수 있을 것이다.

앞서 살펴본 바와 같이 내각안정성에 대한 연구는 주로 의원내각제를 채택하고 있는 국가들을 대상으로 이루어져 왔으며, 대통령제 국가의 경우에는 정치안정의 또 다른 주요 국면인 통치집단 자체의 구조적 안정성을 도외시하는 가운데, 정치체제 혹은 정치적 리더십의 정통성에 도전하는 대중의 집단행위(mass protest behavior)에 연구의 초점을 맞추어 왔다. 그러나 권위주의 체제로부터 민주주의 체제로의 이행과정에서 대중항거시위의 확산, 강도 및 지속성 등이 감소되거나 관측되지 않았다고 하여 이들 체제가 과연 안정적으로 유지되고 있다고 확신할 수 있는가? 민주주의 체제로의 이행과정에서 흔히 표출되는 정치적 갈등, 실업, 빈곤, 범죄, 부패 등을 해결하기 위한 정부의 정책수행능력 및 위기관리능력에 대한 고려 없이 정치체제의 정당성, 더 나아가 체제의 안정성을 파악할 수 없으며, 따라서 대통령제 국가에 있어서도 정치안정을 공공정책의 지속성과 효율성을 결정하는 내각의 안정성이라는 측면에서 접근하는 연구가 필요하다. 이에 따라 이 글에서는 민주주의 체제의 안정성을 통치구조의 맥락에서 행정부(내각)의 안정성으로 간주하고, 특히 대통령제하에서 내각의 안정성을 결정하는 정치적·경제적 인자들을 탐색하고자 한다.

이를 위해 우선 일단의 선별기준을 마련하여 아르헨티나·브라질·한국·베네수엘라 등 민주적 대통령 중심제를 지닌 21개국을 모형검증사례로서 택하였다. 다음으로, 의회에 의한 대통령의 견제와 국민적 지지기반에서 비롯된 정치적 압력, 그리고 경제성장 및 국민경제생활수준으로부터 야기되는 경제적 압력이 대통령의 국정운영, 더 나아가 직접 정책을 수립하고 집행하는 주체로서의 내각구성에 영향을 미치리라는 판단에 따라, 2개 정치적 변인(의회분절도·선거경쟁도)과 3개 경제적 변인(GDP 평균성장률·소비자물가지수 평균상승률·평균실업률) 등 5개 독립변인과 각료재임가능기간 평균점유율로 조작정의된 내각안정성 사이의 선형적 상관관계를 상정한 가설적 분석모형을 중다회귀분석기법을 통해 검증하였으며, 아래와 같은 결과를 얻었다.

첫째, 21개 연구사례 모두를 검증대상으로 삼았을 때, 모형에 상정된 5개 독립변인들이 내각안정성의 변이를 전혀 설명할 수 없다는 사실이 밝혀졌다. 즉, 이러한 기본모형은 통계적 타당성과 유의미성을 갖지 못하는 것으로 나타났다.

둘째, 기본모형이 통계적으로 유의미한 결과를 산출하지 못함에 따라, 모형구조를 일부 변경하여 의회분절도 및 선거경쟁도, 그리고 소비자물가지수 평균상승률과 GDP 평균성장률 등 4개 변인들을 각각 일정 수준(의회분절도 0.64·선거경쟁도 1.02·GDP 평균성장률 3.0%·소비자물가지수 평균상승률 10.40%) 이상과 미만으로 통제한 모형을 재구축하여 검증하였으며, 그 결과 3개의 확증된 모형과 1개의 잠정 확증된 모형을 얻을 수 있었다. 각 모형들의 통제수준이 지니는 의미는 다음과 같다.

우선 의회분절도의 통제수준인 0.64의 의미는 의회가 두 정당에 의해 이끌어지는 상태와 세 정당이 완벽한 세력균형을 이루고 있는 상태의 중간 정도 수준, 다시 말해서 적어도 의회 내 세력배분양태가 양당 주도형을 벗어난 조건이라고 볼 수 있으며, 선거경쟁도 1.02라는 값은 당선자의 득표율이 낙선자들의 총득표율에 미치지 못함을 보여준다. 즉, 당선자가 총투표수의 과반수를 충분히 상회하는 득표

율을 획득하지 못함에 따라 광범위하고도 절대적인 국민적 지지기반
을 확보하는 데 실패한 상황을 지칭한다. 한편 GDP 성장률의 경우,
1986년부터 1996년까지 11년간의 전 세계 GDP 평균성장률인 3.0%
를 기준치로 설정하였고, 소비자물가지수 평균상승률의 통제기준
10.40%는 주행성 인플레이션의 도래를 판단하는 통상적 기준인 연간
10% 내외의 수준에 해당된다.

이와 같이 4개 변인의 특정치를 기준으로 삼아 재구축된 통제모형
을 검증한 결과, 상정된 5개 독립변인 가운데에서 의회분절도가 민
주적 대통령제하에서 내각의 안정성을 결정하는 가장 핵심적인 인자
라는 사실이 밝혀졌다. 즉, 의회분절도는 2개 정치적 변인 및 1개 경
제적 변인을 특정수준으로 통제한 3개 모형(의회분절도 0.64 이상·
선거경쟁도 1.02 이상·GDP 평균성장률 3.0% 이하)에서 모두 통계
적으로 유의미한 설명능력을 갖고 있으며, 그중에서도 특히 선거경
쟁도와 GDP 평균성장률을 통제한 모형들의 경우에는 의회분절도만
이 배타적인 영향력을 행사하고 있음을 알 수 있었다. 둘째로, 선거
경쟁도, 소비자물가지수 평균상승률, 그리고 GDP 평균상승률은 어
느 모형에서도 독자적인 영향력을 발휘하지는 못하나, 의회분절도를
0.64 이상으로 통제한 모형과 소비자물가지수 평균상승률을 10.40%
이상으로 통제한 모형에서는 강한 복합적인 영향력을 행사하는 것으
로 나타났다.

이러한 분석결과에 비추어 볼 때, 의회 내 정치세력의 분절현상이
심화된 상황에 처한 대통령, 특히 그 가운데에서도 선거에서 높은
지지율을 획득하지 못한 대통령은 국가정책의 수립과 집행에 있어서
강력한 추진력을 발휘할 수 있는 지지기반이 취약함에 따라, 정책수

행상의 비효율성이나 실패로 인해 자신에게 가해지는 정치적 압력에 대응하기 위한 방편으로서 각료의 교체를 시도할 가능성이 높다는 점을 시사해 준다. 즉, 이들은 국정운영에 대한 의회의 견제가 심하면 심할수록 내각에 정책실패의 책임을 전가해 자신의 정치적 입지를 유지하려는 경향을 나타낸다는 추론이 가능해 진다.

이러한 경향은 특히 정부에 대한 국민의 지지를 결정하는 가장 주요한 원인인 경제적 성취도가 낮을 경우에 더욱 두드러지게 나타난다고 볼 수 있다. 바꾸어 말해서, 경제성장도가 높아짐에 따라 국민의 경제적 기대치가 급격히 상승되는 상황하에서 정부의 능력이 이러한 기대치를 충분히 수용할 수 있을 정도로 신장되지 못해 실질적인 경제생활수준은 오히려 하락한다면 정부에 대한 국민의 불만과 압력이 커지게 되고, 이에 따라 국민적 지지기반이 취약할 뿐만 아니라 의회 내에서 다수세력을 확보하지 못한 대통령은 내각을 "정치적 피뢰침"으로 이용할 가능성이 커진다고 볼 수 있다.

이상과 같이 본 연구에서는 민주적 대통령제하에서 내각안정성의 변이를 설명할 수 있는 4개의 통계적·가설적 분석모형을 설계해 내었으나, 앞서 지적한 바와 같이 소수의 국가가 모형의 설명범주를 벗어난다는 사실이 밝혀졌다. 특히 그중에서도 우루과이는 4개 모형을 모두 일탈하는 대표적인 이례(deviant case)가 되기 때문에, 어떠한 배경 요인으로 말미암아 이러한 예외성이 야기되는가를 추론해 보기 위해 우루과이에 있어서 대통령 선거와 의회 선거의 양상, 그리고 행정부의 역사적 변천과정을 고찰해 본 결과 다음과 같은 특성이 있음을 알 수 있었다.

1995년 11월 27일, 20년 만에 처음으로 민주적으로 치러진 우루과이의 선거에서 훌리오 마리아 상귀네띠(Julio Maria Sanguinetti)가 32.5%라는 저조한 득표율(선거경쟁도 2.08)을 확보한 가운데 대통령에 당선되었으며, 여당인 꼴로라도 당(Partido Colorado) 역시 99석의 의석 가운데 불과 32석을 획득하였다(의회분절도 0.70).[174] 이에 따라 상귀네띠 정권은 의회 및 국민의 폭넓은 지지를 확보하지 못한 채 출범하였으나, 집권기간을 통해 내각의 안정성은 상당한 수준에 달하였다(각료재임가능기간 평균점유율 81.25%). 이는 여당이 의회 내에서 다수세력을 점하지 못함에 따라 국정운영에 장애가 있을 것으로 판단한 상귀네띠 대통령이 안정적인 통치권을 확보하기 위한 수단으로서 상당수의 각료직을 야당에게 할당하였기 때문이라고 볼 수 있다. 즉, 총 13개 각료직 가운데에서 제1야당인 국민당(Partido National-Blancos)에 4개를 할당하는 등, 거의 절반에 가까운 6개의 각료직을 3개 야당들에게 배분한 것이다.[175] 이처럼 우루과이의 내각은 연합 내각의 성격을 가지고 있었기 때문에 대통령의 지지기반이 취약했음에도 불구하고 내각은 상당한 수준의 안정성을 확보할 수 있었다고 판단된다. 이렇게 볼 때, 우루과이의 경우에는 본 모형에서 상정한 변인들 이외에 내각구성에 있어서 정당들의 연립양태가 내각안정성에 영향력을 행사하는 외생변인으로 작용했으리라 추론할 수 있다.

또한 우루과이에서 연립 내각이 비교적 용이하게 구성될 수 있었던 역사적 배경을 검토해 본 결과, 다수집정제의 전통을 가지고 있기 때문인 것으로 밝혀졌다. 즉, 1919년 우루과이 헌법은 4년 임기 대통령의 직무를 외교와 국방 등 특정 분야로 제한하였으며, 교육·

---

174) *Keesing's Record of World Events*(February 1995), p.40405.
175) *Keesing's Record of World Events*(March 1995), p.40450.

보건·예산편성 등은 6년 임기를 지닌 9인 국가행정위원회(National Council of Administration)가 관장하도록 규정하였다. 이와 아울러, 의회선거에서 두 번째로 높은 득표율을 획득한 정당에게 위원직의 ⅓이 배정되었다. 1919년 헌법은 1933년 대통령이 군부의 세력을 이용해 독재체제를 구축한 후 폐기되었으나, 1952년 국민투표를 거쳐 9인으로 구성된 국정위원회(National Council of Government)가 우루과이의 실질적인 행정부가 됨으로써 진정한 의미의 다수집정제가 부활하게 되었다. 이러한 국정위원회는 행정 각 부의 장에 대한 임명권을 지니고 있었으며, 그 구성에 있어서 소수당에게 위원직의 ⅓, 그리고 다수당 내 소수파에게 한 개의 위원직이 배분되었다.[176] 이처럼 1952년부터 1967년까지 우루과이가 경험한 소위 "집단통치행정부(Colegiado)"의 전통이 우루과이가 분석모형으로부터 배제되는 예외성을 야기한 역사적 배경이라고 볼 수 있다.[177]

도미니카 공화국 역시 두 개의 모형(통제모형-2, 3)으로부터 일탈하는 예외적 사례가 된다. 이러한 예외성의 원인을 밝히기 위하여 도미니카 공화국의 대통령 및 의회선거 결과와 대통령 취임 당시의 경제적 상황을 고찰해 본 결과 다음과 같이 일탈의 원인을 추론할 수 있었다.

1996년 6월 30일 실시된 대통령 결선투표의 결과, 1차 투표(5월

176) Kantor, H., "Efforts Made by Various Latin American Countries to Limit the Power of President," Lijphart, A. eds., *Parliamentary Versus Presidential Government*(Oxford: Oxford University Press, 1998), p.103.
177) 이러한 우루과이의 "공동참여(coparticipation)" 제도에 관해서는 Ordonez, J., "A Collegial Executive for Uruguay," pp.175-177; 후앙 린쯔, "대통령제와 내각제: 과연 다른 것인가?" 신명순·조정관(1994), pp.108-112 참조.

16일)에서 2위(득표율 38.94%)를 차지한 도미니카 자유당(PLD, Partido de la Liberacion Dominicana)의 후보 레오넬 페르난데즈(Leonel Fernandez)가 1위(득표율 45.9%)를 차지한 도미니카 혁명당(PRD, Partido Revolucionario Dominicana) 후보 호세 프란시스코 페냐 고메즈(Jose Francisco Pena Gomez)를 제치고 대통령에 당선되었다(결선투표 득표율 51.2%). 이는 의회 내 제2당인 사회기독개혁주의자당(PRSC: Partido Reformista Social Cristiano)과 제3당인 도미니카 자유당(PLD) 간의 연합[178]이 빚어낸 결과로서, 의회 내 다수파의 지지를 받는 연합정권의 성립을 초래하게 되었다.

이와 아울러, 고질적인 경제적 위기가 과감한 경제개혁정책을 추진한 페르난데즈 정권으로 하여금 광범위한 지지를 확보할 수 있도록 함으로써 오히려 내각의 안정을 가져왔다고 볼 수 있다. 즉, 페르난데즈 대통령은 페소(Peso)화의 평가절상과 과도한 외채, 파산직전에 처한 국영기업 및 제조업 분야의 생산성 저하에 따른 경제상황의 악화[179]를 제어하기 위해 1996년 12월 페소화의 평가절하, 소득세 인하,

---

178) 이러한 연합이 가능했던 이유는, 전직 3선 대통령이었던 PRSC의 지도자 호아킨 발라구에르 리카르도(Joaquin Balaguer Ricardo)가 PRD 후보인 페냐 고메즈의 당선을 저지하기 위하여 막후 영향력을 행사했기 때문이라고 추측된다. 즉, 1994년 선거 당시 강력한 우승 후보였던 페냐 고메즈를 물리치고 부정선거를 통해 재집권에 성공한 발라구에르 리카르도는 인종차별주의적인 발상에 따라 1996년 선거에서 흑인과 뮬라토(mulattos, 혼혈인종)의 전폭적인 지지를 받고 있는 흑인후보 고메즈의 당선을 막기 위해 PRSC로 하여금 PLD의 페르난데즈를 지지하게 한 것으로 여겨진다. *Keesing's Record of World Events*(May 1996), p.41088.

179) CIA에서 제공한 *CIA World Fact Book*의 도미니카 공화국 관련 자료 중 경제에 관한 부분 참조, p.5.

판매세 50% 인상, 수입관세 인하 및 휘발유 가격인상 등을 포함하는 광범위한 경제개혁안을 제시하였으며, 이러한 개혁안은 시장경제체제의 확립을 통해 국제경쟁력을 강화하게 될 것으로 기대되었다.[180] 이렇게 볼 때, 경제생활수준의 하락이 강력한 경제개혁을 주도하는 대통령의 정치적 입지를 강화시킴으로써 내각교체의 압력이 상쇄된 것이라고 추론할 수 있다. 바꾸어 말해서, 다수당을 견제하기 위한 연합정권의 수립과 고질적인 경제위기에 대한 정부의 과감한 대응이라는 특수상황이 국민경제생활수준이 하락함에도 불구하고 도미니카 공화국으로 하여금 연구대상국가 가운데 가장 높은 내각안정성을 확보하게 만들었다고 판단된다.

우루과이와 도미니카 공화국의 경우에 나타나는 예외성에 관해서는 위와 같은 해석이 가능하나, 분석모형의 설명범주를 벗어나는 여타 국가들의 경우에는 어떠한 사회문화적·정치경제적 특성으로부터 예외성이 야기되는가를 밝히기 위한 연구, 즉 모형에 포함되지 않은 외생변인의 탐색을 위한 상세한 이례분석이 시도되어야 할 것이다. 또한 기존 연구에서 정치안정의 지표로 채택된 대중항거시위의 양상과 본 연구에서 다루어진 내각의 안정성(혹은 정부 안정성이나 행정부 안정성) 간의 상관관계에 대한 후속연구가 이루어질 때, 보다 포괄적인 분석모형을 도출해 낼 수 있을 것으로 기대된다. 즉, 이들 사이에 의미 있는 상관관계가 존재하는 것으로 밝혀진다면, 연구에서 제시된 분석모형의 이론적·경험적 적실성이 제고될 수 있을 것으로 판단된다.

---

180) *CIA World Fact Book*, p.5.

참고문헌

1. 통계집 및 정기간행물

외교통상부 국제경제국 지역협력과, 『1998 APEC』(1998).

통계청, 『계간국제통계』(2/4, 1998).

IMF, *International Financial Statistics Yearbook*(Washington, D.C.: IMF, 1997).

Keesing's Record of World Events.

OECD, *OECD Economic Outlook*(Paris: OECD publication, 1998).

UN, *Statistical Yearbook*(1997).

2. 인터넷 사이트

"Basic Socio-Economic Data."
http://database.iadb.org/int/__brptnet/english/argbrpt.htm

"CIA World Fact Book." http://www.odci.gov/cia/publications/factbook.

"Economics and Social Statistics." http://internotes.asiandevbank.org/notes.

"Elections around the World." http://www.agora.stm.it/election.

"Lijphart Election Archive." http://dodgson.ucsd.edu/lij.

"Parliaments around the World." http://www.agora.stm.it/election.

"Political Database of the Americas."
http://www.georgetown.edu/LatAmerPolitical/home.html.

3. 단행본

김웅진 · 김지희, 『정치학 연구방법론』(서울: 명지사, 2005).

___________, 『비교사회연구방법론』(서울: 인간사랑, 2000).

김수진 외 공역, 『비교정치론강의 3: 서구의 정치제도 · 과정 및 공공정책』(서울: 한울, 1994).

김철운·권오철, 『물가의 인과관계 및 정보체계론』(서울: 한국물가협회 출판국, 1990).

김홍규, 『사회과학통계분석 SPSS for Windows』(서울: 나남출판, 1991).

린쯔·바렌주엘라(신명순·조정관 공역), 『내각제와 대통령제』(서울: 나남, 1995).

한창호, 『경제학 원론』(서울: 일신사, 1985).

Ake, C., *A Theory of Political Integration*(Homewood, Illinois: Dorsey, 1967).

Almond, G. & Powell, G., *Comparative Politics: System, Process, and Policy*(Boston: Little, Brown, 1978).

Axelrod, R., *Conflict of Interest*(Chicago: Markham, 1970).

Baaklini, A. & Desfosses, H., *Designs For Democratic Stability: Studies in Viable Constitutionalism*(New York: M. E. Sharpe, Inc., 1997).

Banks, A. & Textor, R., *A Cross-Polity Survey*(Cambridge, Massachusetts: 1963).

Blondel, J., *Government Ministers in the Contemporary World*(London: Sage Publications, 1984).

Blondel, J. & Cotta, M., *Party and Government*(London: Macmillan, 1996).

Bryce, J., *Modern Democracies*, Vol.1(New York: Macmillan, 1921/ Reprinted in 1981).

Butler, D., *Coalitions in British Politics*(New York: St. Martin's, 1978).

Cohen, J., *The Politics of the U. S. Cabinet: Representation in the Executive Branch, 1789-1984*(Pittsburgh: University of Pittsburgh Press, 1988).

Coleman, D. & Nixon, F., *Economics of Changes in Less Developed Countries*(Oxford: Philip Allen, 1978).

Dahl, R., *Polyarchy: Participation and Opposition*(New Haven, Connecticut: Yale University Press, 1971).

De Swaan, A., *Coalition Theories and Cabinet Formations: A Study of*

Formal Theories of Coalition Formation Applied to Nine European Parliaments After 1918(Amsterdam: Elsevier, 1973).

Derbyshire, J. & Derbyshire, I., *Political Systems of the World* (Edinburgh: Chambers, 1989).

Diamond, L., & Plattner, M., *The Global Resurgence of Democracy* (Baltimore, Maryland: Johns Hopkins University Press, 1996).

Diamond, L., Linz, J. and Lipset, S. M., *Politics in Developing Countries: Comparing Experiences with Democracy*(Boulder, Colorado: Westview, 1990).

Diamond, L., Plattner, M., Chu., Y. and Tien, H., eds. *Consolidating The Third Wave Democracies*(London: The Johns Hopkins Press, 1997).

Dodd, L., *Coalitions in Parliamentary Governments*(Princeton, New Jersey: Princeton University Press, 1976).

Dogan. M. & Pelassy, D., *How to Compare Nations, Strategies in Comparative Politics*(Chatham, New Jersey: Chatham House, 1984).

Duchacek, I., *Power Maps: Comparative Politics of Constitutions*(Santa Barbara, California: ABC-Clio Press, 1973).

Duverger, M., *Political Parties*(London: Methuen & Co., 1972).

Eckstein, H., *Division and Cohesion in Democracy*(Princeton, New Jersey: Princeton University Press, 1966).

Ellis, R., *Cabinet Members as Presidential Lightning Rod*(Ann Arbor, Michigan: U. M. I, 1989).

Field, G., *Comparative Political Development: The Precedent of The West*(London: Routledge & Kegan Paul, 1967).

Friedrich, Carl., *The Impact of American Constitutionalism Abroad* (Boston: Boston University Press, 1967).

Greenstein, F. & Polsby, N., eds. *Handbook of Political Science, vol.5. Governmental Institutions and Processes*(Reading, Massschusetts: Addison-Wesley, 1975).

Grofman, B. & Lijphart, A., eds. *Electoral Laws and Their Political*

132

        Consequences(New York: Agathon, 1986).

Gurr, T., *Why Men Rebel*(Princeton, New Jersey: Princeton University Press, 1970).

Huntington, S., *Political Order in Changing Societies*(New Haven, Connecticut: Yale University Press 1968).

James, S., *British Cabinet Government*(London: Routledge, 1992).

Jones, B., *et al., Politics UK*(London: Philip Allen, 1991).

Kingdom, J., *Government and Politics in Britain*(London: Blackwell, 1996).

Kuznets, S., *Economic Growth of Nations, Total Output and Production Structure*(Cambridge, Massachusetts: Harvard University Press, 1971).

Laski, H., *Parliamentary Government in England*(New York: The Viking Press, 1938).

Laver, M. & Shepsle, K., *Cabinet Minister and Parliamentary Government*(Cambridge: Cambridge University Press, 1994).

Laver, M. & Shepsle, K., *Making and Breaking Governments: Cabinets and Legislatures in Parliamentary Democracies* (Cambridge: Cambridge University Press, 1996).

Lijphart, A. & Waisman, C., eds. *Institutional Design in New Democracies: Eastern Europe and Latin America*(Oxford: Westview Press, 1996).

Lijphart, A., *Democracies: Patterns of Majoritarian and Consensus Government in Twenty-One Countries*(New Haven, Connecticut: Yale University Press, 1984).

           , eds. *Parliamentary Versus Presidential Government* (Oxford: Oxford University Press, 1992).

Linz, J. & Stepan, A., eds. *The Breakdown of Democratic Regimes* (Baltimore, Maryland: The Johns Hopkins University Press, 1978).

Linz, J. & Valenzuela, A., *The Failure of Presidential Democracy: Comparative Perspectives*(Baltimore, Maryland: The Johns Hopkins University Press, 1994).

Lipset, S. M., *Political Man: The Social Bases of Politics*(New York: Doubleday, 1963).

Lowell, A., *Governments and Parties in Continental Europe*, Vol.1 (Cambridge, Massachusetts: Harvard University Press, 1896).

Powell, G., *Contemporary Democracies: Participation, Stability and Violence*(Cambridge, Massachusetts.: Harvard University Press, 1982).

Przeworski, A. and Teune, H., *The Logic of Comparative Social Inquiry*(New York: Wiley, 1970).

Rae, D., *The Political Consequences of Electoral Laws*(New Haven, Connecticut: Yale University Press, 1967).

Ragin, C. & Becker, H., eds. *What is A Case? Exploring the Foundations of Social Inquiry*(New York: Cambridge University Press, 1992).

Ragin, C., *The Comparative Method: Moving Beyond Qualitative and Quantitative Strategies*(Berkeley and Los Angeles: University of California Press, 1987).

Riker, W., *The Theory of Political Coalitions*(New Haven, Connecticut: Yale University Press, 1962).

Russett, B., *et al.*, *World Handbook of Political and Social Indicators* (New Haven and London: Yale University Press, 1964).

Sartori, G., *Parties and Party Systems*(Cambridge: Cambridge University Press, 1976).

___________, *The Theory of Democracy Revisited*(Chatham, New Jersey: Chatham House, 1987).

Shugart, M. & Carey, J., eds. *Presidents and Assemblies: Constitutional Design and Electoral Dynamics*(Cambridge: Cambridge University Press, 1992).

Vanhanen, T., *The Process of Democratization: A Comparative Study of 147 States, 1980-1988*(New York: Crane Russak, 1990).

___________, *Prospects of Democracy, A Study of 172 Countries*

134

(London and New York: Routledge, 1997).

Verney, D., *The Analysis of Political System*(London: Routledge & Kegan Paul, 1959).

Von Beyme, Klaus., *America as a Model: The Impact of American Democracy in the World*(New York: St. Martin's Press, 1987).

Warshaw, S., *Powersharing: White House-Cabinet Relations in The Modern Presidency*(Albany, New York: State University of New York Press, 1996).

Weaver, R. & Rockman, B., eds. *Do Institutions Matter? Government Capabilities in the United States and Abroad*(Washington, D.C.: Brookings Institution, 1993).

4. 논 문

김웅진, "비교정치연구의 분석전략과 디자인: 통칙생산의 기본규준을 중심으로," 『비교문화연구』, 제2호(1995), pp.90-116.

김지희, "비교정치연구에 있어서 혼합체계분석안의 방법론적 적실성: 인과추론방식을 중심으로," 『한국정치학회보』, 제35집 4호(2001), pp.265-275.

박경효, "김영삼정부의 장·차관(급) 충원정책: 국정지도력, 전문성 그리고 대표성," 『한국행정학보』, 제29권 2호(1995), pp.487-501.

박찬욱, "내각구성에 관한 이론과 실제: 서구 의회민주주의 국가를 중심으로," 『국제정치논총』, 제33집 2호(1993), pp.265-94.

______, "국회의원과 선거구민 간의 연계과정." 안청시 외, 『한국정치경제론』(서울: 법문사, 1990).

박천오, "한국에서의 정치적 피임명자와 고위직업관료의 정책성향과 상호관계." 『한국행정학보』, 제27권 4호(1993), pp.1121-1138.

이은국, "정치순환주기 I: 기회주의적 내각가설의 로지트·프로비트 분석" 『연세대 사회과학논집』, 제25권(1994), pp.151-175.

후앙 린쯔, "대통령제와 내각제: 과연 다른 것인가?" 린쯔·바렌주엘라(신명순·조정관 공역), 『내각제와 대통령제』(서울: 나남, 1995), pp.108-

112.

Aberbach, J. & Rockman, B., "Bureaucracy: Control, Responsiveness, Performance," Baaklini, A. & Desfosses, H. eds., *Designs for Democratic Stability: Studies in Viable Constitutionalism*(Armonk, New York, M. E. Sharpe, 1997), pp.73-94.

Ake, C., "A Definition of Political Stability," *Comparative Politics*, 3(1975), pp.271-283.

Alker, H. and Russett, B., "The Analysis of Trends and Patterns," Russett, B., *et al.*, eds., *World Handbook of Political and Social Indicators*(New Haven, Connecticut: Yale University Press 1964).

Aron, R., "Alternation in Government in Industrialized Countries." *Government and Opposition*, 17(1981), pp.3-21.

Blondel, J., "Party Systems and Pattern of Government in Western Democracies," *Canadian Journal of Political Science*, 1(1968), pp.180-230.

Bollen, K. & Grandjean, B., "The Dimension(s) of Democracy: Further Issues in the Measurement and Effects of Political Democracy," *American Sociological Review*, 46(1981), pp.651-659.

Bollen, K., "Issues in the Comparative Measurement of Political Democracy," *American Sociological Review*, 45(1980), pp.370-390.

Bollen, K., "Political Democracy: Conceptual and Measurement Traps," *Studies in Comparative International Development*, 25(1990), pp.7-24.

Brown, E., Frendreis, J., & Gleiber, D., "An Event Approach to The Problem of Cabinet Stability," *Comparative Political Studies*, 17(1984), pp.167-197.

Cutler, L., "To Form a Government" *Foreign Affairs*, 59(1986), pp.126-143.

DeFelice, E., "Causal Inference and Comparative Methods." *Comparative Political Studies*, 19(1986), pp.415-437.

Duverger, M., "A New Political System Model: Semi-Presidential

136

Government." *European Journal of Political Research*, 8(1980), pp.165-187.

Feierabend, I. & Feierabend, R., "Aggressive Behaviors Within Polities, 1948-1962: A Cross-National Study," *Journal of Conflict Resolution*, 10(1966), pp.49-271.

Feierabend, I. & Feierabend, R., "The Relationship of Systemic Frustration, Political Coercion, and Political Instability: A Cross-National Analysis," Gillespie, J. & Nesvold, B. eds., *Macro-Quantitative Analysis, Conflict, Development, and Democratization*(Beverly Hills, California: Sage, 1971), pp.417-440.

Flanigan, W. & Fogelman, E., "Patterns of Political Violence in Comparative Historical Perspective," Gillespie, J. & Nesvold, B. eds., *Macro-Quantitative Analysis, Conflict, Development, and Democratization*(Beverly Hills, California: Sage, 1971), pp.471-473.

Frendreis, J., "Explanation of Variation and Detection of Covariation: The Purpose and Logic of Comparative Analysis," *Comparative Political Studies*, 21(1983), pp.255-272.

Gayle, D., "Applying 'Most Different Systems' Designs: Comparing Development Policy in Alabama and Jamaica." *Comparative Political Studies*, 21(1988), pp.57-280.

Gunther, R. & Mughan, A., "*Political Institutions and Cleavage Management,*" Weaver, R. & Rockman, B. eds., *Do Institutions Matter? Government Capabilities in the United States and Abroad* (Washington, D.C.: Brookings Institution, 1993) pp.272-301.

Gurr, T. & Ruttenberg, C., "The Conditions of Civil Violence: First Tests of A Causal Model," *Macro-Quantitative Analysis*(Beverly Hills, California: Sage Publications, 1971), pp.187-215.

Hurwitz, L., "Contemporary Approaches to Political Stability." *Comparative Politics*, 5(1973) pp.449-462.

Kantor, H., "Efforts Made by Various Latin American Countries to Limit the Power of President," Lijphart, A. eds., *Parliamentary Versus Presidential Government*(Oxford: Oxford University Press, 1998), pp.101-110.

Kim, Dong-Hun and Loewenberg, G., "The Role of Parliamentary Committees in Coalition Governments, Keeping Tabs on Coalition Partners in the German Bundestag," *Comparative Political Studies*, 38: 9(2005), pp.1104-1129.

King, A., "Executives," Greenstein, F. & Polsby, N. eds., *Handbook of Political Science, Vol.5., Governmental Institutions and Processes* (Reading, Massachusetts: Addison-Wesley, 1975), pp.173-256.

Laver, M., "Dynamic Factors in Government Coalition Formation," *European Journal of Political Research*, 2(1974), pp.259-270.

Lijphart, A., "A Note on the Meaning of Cabinet Durability," *Comparative Political Studies* 17(1984b), pp.163-166.

________, "Measures of Cabinet Durability: A Conceptual and Empirical Evaluation," *Comparative Political Studies*, 17(1984c), pp.265-266.

________, "Comparative Politics and the Comparative Method," *The American Political Science Review*, 65(1971), pp.682-693.

Lipset, S. M., "Some Social Requisites of Democracy: Economic Development and Political Legitimacy," *American Political Science Review*, 53(1959), pp.69-109.

Linz, J., "The Perils of Presidentialism," *Journal of Democracy*, 1(1990), pp.51-69.

Mainwaring, S., "Presidentialism in Latin America," *Latin American Research Review*, 25(1990), pp.157-179.

Meckstroth, T. "'Most Different Systems' and 'Most Similar Systems': A Study in the Logic of Comparative Inquiry," *Comparative Political Studies*, 8(1975), pp.132-157.

Needler, M., "Political Development and Socioeconomic Development: The Case of Latin America," *American Political Science Review*,

62(1968) pp.889-897.

Nelson W. Polsby, "Presidential Cabinet Making: Lessons for the Political System," *Political Science Quarterly*, 93(1978), pp.15-25.

Nilson, S., "Elections Presidential and Parliamentary: Contrasts and Connections," *West European Politics*, 6(1983), pp.111-124.

Ordonez, J., "A Collegial Executive for Uruguay," Lijphart, A., eds. *Parliamentary Versus Presidential Government*(Oxford: Oxford University Press, 1998), pp.175-177.

Riggs, F., "The survival of Presidentialism in America: Para-Constitutional Practices," *International Political Science Review*, 9(1988), pp.247-278.

Robertson, J., "The Political Economy and the Durability of European Coalition Cabinet: New Variations on a Game-Theoretic Perspective," *The Journal of Politics*, 45(1983), pp.932-957.

________, "Toward a Political-Economic Accounting of the Endurance of Cabinet Administrations: An Empirical Assessment of Eight European Democracies," *American Journal of Political Science*, 28(1984), pp.693-709.

Rummel, R., "Dimensions of Conflict Behavior Within and Between Nations," *General Systems*, 8(1963), pp.1-50.

Russett, B., "Deaths from Domestic Group Violence per 1,000,000 Population, 1950-1962," Russett, B., *et al.*, *World Handbook of Political and Social Indicators*(New Haven and London: Yale University Press, 1964). pp.97-100.

Sanders, D. & Herman, V., "The Stability and Survival of Governments in Western Democracies," *Acta Politica*, 12(1977), pp.346-377.

Schneider, P. & Schneider, A., "Social Mobilization, Political Institutions, and Political Violence," *Comparative Political Studies*, 4(1971), pp.69-90.

Taylor, C., *et al.*, "A systematic Approach to Political Indicators," Taylor, C. eds., *Indicator Systems for Political, Economic, and Social*

Analysis(Cambridge, Mass.: Oelgeschlager, Gunn & Hain, 1980), pp.117-133.

Taylor M. & Laver, M., "Government Coalitions in Western Europe," *European Journal of Political Research*, 1(1973), pp.205-248.

Taylor, M. & Herman, V., "Party Systems and Government Stability," *American Political Science Review*, 65(1971), pp.28-37.

Van Roozendaal, P. "The Effect of Dominant and Central Parties on Cabinet Composition and Durability," *Legislative Studies Quarterly*, 17(1992), pp.5-36. Warwick, P., "Durability of Coalition Governments in Parliamentary Democracies," *Comparative Political Studies*, 11(1979), pp.465-498.

________. "Coalition Policy in Parliamentary Democracies, Who Gets How Much and Why," *Comparative Political Studies*, 34: 10(2001), pp.1212-1236.

5. 연구보고서

Congressional Quaterly Inc., *Cabinets and Counselors: The President and the Executive Branch*(Washington D.C., 1989).

〈부 록 1〉 각국별 내각변동 양상

각국별 내각변동 양상

국 가 명	최초로 구성된 내각의 각료수	대통령의 집권기간 중 교체된 각료의 수	각료재임가능기간 평균점유율(%)
아르헨티나	12	8	60.00
볼리비아	16	23	41.03
브라질	25	21	54.35
콜롬비아	16	34	32.00
코스타리카	25	12	67.57
사이프러스	12	12	50.00
도미니카 공화국	16	0	100.00
에콰도르	14	22	38.89
엘살바도르	13	7	65.22
과테말라	13	4	76.47
온두라스	15	6	71.43
대한민국	28	101	21.71
멕시코	15	11	57.69
니카라과	19	21	47.50
파나마	12	4	75.00
파라과이	12	23	34.29
페 루	18	24	42.86
필리핀	26	31	45.61
스리랑카	23	15	60.53
우루과이	13	3	81.25
베네수엘라	33	38	46.48

▶ 출처: *Keesing's Record of World Events*

<부 록 2> 의회내 정당별 의석점유 양상

아르헨티나

총선(1995년 5월 14일) 결과

정 당	의 석 수	
	Camara de deputies	Senado
PJ: Partido Justicialista	137	39
UCR: Union Civica Radical	69	18
FrePaSo: Frente del Pais Solidario	26	–
Movimiento Popular Fueguino	–	2
Movimiento Popular Neuquino	–	2
Other(Ucede and Modin)	25	11
TOTAL	257	72

▶ 출처: *Keesing's Record of World Events*
　　　Political Database of Americas, Georgetown University

볼리비아

총선(1993년 6월 6일) 결과

정 당	의 석 수	
	Chamber of Deputies	Senate
MNR: Movimiento Revolucionario Nacional	52	17
AP: Acuerdo Patriotico	35	8
UCS: Union Civica Solidaria	20	1
CONDEPA: Conciencia de la Patria	13	1
MBL: Movimiento Boliviano de la Libertad	7	0
ARBOL:Alianza de Renovacion Nacional	1	0
ASD: Alianza Social Democratica	1	0
EJE–P: Eje Patriotico– Convergencia Nacional	1	0
TOTAL	130	27

▶ 출처: *Keesing's Record of World Events*
　　　Political Database of Americas, Georgetown University

브라질

총선(1994년 10월 3일) 결과

정 당	의 석 수	
	Camara dos Deputados	Senado Federal
PMDB: Partido do Movimento Democratico Brasileiro	107	22
PFL: Partido da Frente Liberal	88	19
PSDB: Partido da Social Democracia Brasileiro	64	10
PPR: Partido Progressista Reformador	52	6
PT: Partido dos Trabalhadores	49	5
PP: Partido Progressista	36	–
PDT: Partido Democratico Trabalhista	33	6
PTB: Partido Trabalhista Brasileiro	31	5
PL: Partido Liberal	14	1
PSB: Partido Socialista Brasileiro	14	1
PCdoB: Partido Comunista do Brasil	10	–
PMN: Partido da Mobilizatio Nacional	3	–
PSD: Partido Social-Democrata	3	–
PSC: Partido Socialista Cristao	3	–
PPS: Partido Popular Socialista	2	1
PV: Partido Verde	1	–
PRP: Partido Republicano Progressista	1	–
PRN: Partido da Reconstrutio Nacional	1	–
Others	1	–
TOTAL	513	81

▶ 출처: *Elections around the World*

144

콜롬비아

총선(1994년 3월 13일) 결과

정 당	의 석 수	
	Chamber of Representatives	Senate of the Republic
PL: Partido Liberal	94	59
PSC: Partido Social Conservador	56	27
NFD: Nueva Fuerza Democratica	–	5
ADM19: Alianza Democratica Movimiento 19 de Abril	–	1
UP: Union Patriotica	–	1
Non–partisans (Independientes)	13	7
Indegienious	2	2
TOTAL	165	102

▶ 출처: *Elections around the World*
　　　Political Database of Americas, Georgetown University

코스타리카

총선(1994년 2월 6일) 결과

정 당	의 석 수
	Asamblea Legislativa
PLN: Partido Liberacion Nacional	28
PUSC: Partido Unidad Social Cristiana	25
PFD: Partido Fuerza Democratica	2
PUAC: Partido Union Agraria de Cartago	1
PAN: Partido Agrario Nacional	1
Others	–
TOTAL	57

▶ 출처: *Keesing's Record of World Events*
　　　Political Database of Americas, Georgetown University

사이프러스

총선(1991년 5월 19일) 결과

정 당	의 석 수
Democratic Rally- Liberals	20
AKEL-Left-New Forces	18
Democratic Party	11
EDEK-Socialist Party	7
ADISOK-New Left	−
PAKOP-Refugee Movement	−
Independent candidates	−
TOTAL	56

▶ 출처: *The Almanac of Cyprus 1996*

도미니카 공화국

총선(1994년 5월 16일) 결과

정 당	의 석 수	
	Camara de Deputados	Senado
PRD: Partido Revolucionario Dominicano	57	15
PRSC: Partido Reformista Social Cristiano	50	14
PLD: Partido de Liberacion Dominicana	13	1
TOTAL	120	30

▶ 출처: *Political Database of Americas*, Georgetown University

에콰도르

총선(1992년 5월 17일) 결과

정 당	의 석 수
PSC:Partido Social Cristiano	21
PRE: Partido Roldosista Ecuatoriana	13
PUR (Republican Unity Party)	12
PCE: Partido Conservador Ecuatoriana −PUR's allies	6
ID: Partido Izquierda Democratica	7
DP: Democracia Popular	5
MPD: Movimiento Popular Democratico	4
PSE: Partido Socialista Ecuatoriana	3
PLRE: Partido Liberal Radical Ecuatoriana	2
CFP: Concentracion de Fuerzas Populares	1
PLN: (National Liberation Party)	1
FRA: Frente Radical Alfarista	1
APRE: Accion Popular Revolucionario Ecuatoriana	1
TOTAL	77

▶ 출처: *Keesing's Record of World Events*

엘살바도르

총선(1994년 3월 20일) 결과

정 당	의 석 수 Asamblea Legislativa
ARENA:Alianza Republicana Nacional	39
FMLN: Frente Farabunto Marti de Liberaci on Nacional	21
PDC: Partido Democrata Cristiano	18
PCN: Partido de Conciliacion Nacional −ARENA ally	4
CD: Congergencia Democratica	1
MU: Movimiento Unito	1
TOTAL	84

▶ 출처: *Keesing's Record of World Events*
       Political Database of Americas, Georgetown University

과테말라

총선(1995년 11월 12일) 결과

정 당		의 석 수
		Congreso de la Republica
PAN: Partido de Avanzade Nacional		43
FRG: Frente Republicano Guatemalteco		21
Alianza Nacional	PDC: Partido Democracia Cristiana Guatemalteco	4
	UCN: Union del Centro Nacional	3
FDNG: Frente Democratico Nueva Guatemala		6
UD: Union Democratica		2
PLP: Partido Liberacion Progresista or MLN: Movimiento de Liberacion Nacional		1
TOTAL		80

▶ 출처: *Elections around the World*
　　　　Keesing's Record of World Events
　　　　Political Database of Americas, Georgetown University

온두라스

총선(1993년 11월 29일) 결과

정 당	의 석 수
	Congreso Nacional
PLH: Partido Liberal de Honduras	71
PN: Partido Nacional	55
PINU-SD: Partido de Inovacion y Unidad − Democracia Social	2
PDCH: Partido Democrata Cristiano de Honduras	−
TOTAL	128

▶ 출처: *Political Database of Americas*, Georgetown University

대한민국

총선(1992년 3월 24일) 결과

정 당	의 석 수
	국 회
DLP: 민주자유당	149
DP: 민주당	97
UNP: 통일국민당	31
PNPR: 신정치개혁당	1
무소속	21
TOTAL	299

▶ 출처: *Keesing's Record of World Events*

멕시코

총선(1994년 8월 21일) 결과

정 당	의 석 수	
	Chamber of Deputies	Senate
PRI: Partido Revolucionario Institucional	300	95
PAN: Partido Accion Nacional	119	25
PRD: Partido de la Revolucion Democratica	71	8
PT: Partido de los Trabajadores	10	0
TOTAL	500	128

▶ 출처: *Keesing's Record of World Events*

니카라과

총선(1990년 2월 25일) 결과

정 당	의 석 수
UNO: National Opposition Union	51
FSLN: Sandinista National Liberation Front	39
PSC: Social Christian Party	1
MUR: Movement of Revolutionary Unity	1
TOTAL	92

▶ 출처: *Nicaragua Self-determination and Survival* (London: Pluto Press, 1993)
　　　Current CIA World Fact Book Record

파나마

총선(1994년 5월 8일) 결과

정 당		의 석 수 Asamblea Legislativa
Pueblo Unido	PRD: Partido Revolucionario Democratica	31
	Libre: Partido Liberal Republicano	1
	PALA:Partido Laborista	1
Alianza Democratica	PA: Partido Arnulfista	15
	PLA: Partido Liberal Autentico	4
	UDI: Union Democratica Independiente	1
Cambio 94	Molirena: Movimiento Liberal Republicano Nacionalista	5
	PRC: Partido Renovacion Civilista	3
	Morena: Movimiento de Renovacion Nacional	1
MPE: Movimiento Papa Egoro		6
PLN: Partido Liberal Nacional		1
PDC: Partido Democrata Cristiano		1
TOTAL		72

▶ 출처: *Elections around the World*

파라과이

총선(1993년 5월 9일) 결과

정 당	의 석 수	
	National Congress	Chamber of Senator
PC-ANR: Asociacion Nacional Republicana/Partido Colorado	40	20
PLRA: Partido Radical Liberal Autentico	32	17
EN: Alianza Encuentro Nacional	8	8
TOTAL	80	20

▶ 출처: *Elections around the World*
Keesing's Record of World Events

페 루

총선(1995년 4월 9일) 결과

정 당	의 석 수
C'90: Alianza Cambio '90 Nueva Mayoria	67
UPP: Union por el Peru	17
APRA: Alianza Popular Revolucionaria Americana	8
FIM: Frente Independiente Moralizador	6
Code: Coordinadora Democratica-Pa is Posible	5
AP: Accion Popular	4
PPC: Partido Popular Cristiano	3
R: Movimiento Renovacion	3
MCNO: Movimiento Civico Nacional Obras	2
IU: Izquierda Unida	2
FPA: Frente Popular Agricola	1
MIA: Movimiento Independiente Agrario	1
P2000: Peru al 2000	1
TOTAL	120

▶ 출처: *Elections around the World*
Keesing's Record of World Events

필리핀

총선(1992년 5월 11일) 결과

정　당	의석수 House of Representatives
LDP	87
NPC	45
Lakas-NUCD	41
Liberal	15
NP	6
KBL	3
Independent	3
TOTAL	200

▶ 출처: *Current CIA World Fact Book Record*

스리랑카

총선(1994년 8월 16일) 결과

정　당		의석수 National Assembly	
BNP: Bahejana Nidasa Pakhsaya		105	
EJP: Ekshat Jathika Pakshaya		94	
IGJ: Independent Group Jaffna		9	
SLMC LP	Sri Lanka Muslim Congress	6	7
	Liberal Party	1	
TVP: Tamil Vimuktasi Peramuna		5	
DPLF: Democratic People's Liberation Front		3	
SLPF: Sri Lanka Progressive Front		1	
TOTAL		225	

▶ 출처: *Elections around the World*
　　　　Parliamentary General Election

우루과이

총선(1994년 11월 27일) 결과

정 당		의 석 수	
		Camara de Diputados	Camara de Senadores
PC: Partido Colorado		31	11
PGP: Partido por el Gobierno del Pueblo		1 〔32〕	–
PN: Partido Nacional-Blancos		31	10
Encuentro Progresista	AU: Asamblea Urguay	17	4
	PS: Partido Socialista del Uruguay	7	2
	VA: Vertiente Artiguista	2	1
	PCU: Partido Comunista del Uruguay	2 〔31〕	1
	MPP: Movimiento de Participacion Popular	2	1
	C78: Corriente 78	1	–
	CONFA: Confluencia Frenteamplio	–	–
	PDC: Partido Democrata Cristiano	–	–
NE: Nuevo Espacio		5	1
TOTAL		99	31

▶ 출처: *Elections around the World Political Database of Americas*, Georgetown University

베네주엘라

총선(1993년 12월 5일) 결과

정 당	의 석 수	
	Camara de Diputados	Senado
AD: Accion Democratico	55	16
COPEI: Partido Social Cristiano de Venezuela	53	14
Causa-R: La Causa Radical	40	9
CN: Convergencia Nacional	26	6
MAS: Movimiento al Socialismo	24	5
Others	5	0
TOTAL	203	50

▶ 출처: *Elections around the World Political Database of Americas*, Georgetown University

국가별 의회분절도 분포

국 가 명	국가별 의회분절도 분포
브라질	0.88
에콰도르	0.86
베네주엘라	0.79
볼리비아	0.74
사이프러스	0.72
필리핀	0.71
우루과이	0.70
파나마	0.70
엘살바도르	0.68
페 루	0.66
과테말라	0.64
한 국	0.63
아르헨티나	0.63
스리랑카	0.61
도미니카 공화국	0.59
파라과이	0.59
코스타리카	0.57
멕시코	0.56
콜롬비아	0.56
니카라과	0.52
온두라스	0.51

<부 록 3> 국가별 대통령 득표율 현황

국가별 대통령 득표율 현황

국 가 명	대통령 선거일		대통령 및 소속정당	득 표 율		대선 투표율
				1차투표	2차투표	
아르헨티나	14 May	1995	Carlos Saul Memem (PJ) – 재선	49.8%		
볼리비아	06 June 04 Aug	1993 1993	Sanchez de Lozada (MNR)	33.8%	의회결정 (2위후보사퇴)	
브라질	03 Oct	1994	F. H. cardoso (PSDB)	54.3%		81.3%
콜롬비아	29 May	1994	E. S. Pizano (PL)	45.25%	50.4%	35%
코스타리카	06 Feb	1994	J. M. Higueres (PLN)	49.6%		
사이프러스	14 Feb	1993	G. Clerides (DISY)	36.74%	50.3%	93%**
도미니카 공화국	16 May 30 June	1996 1996	Leonel Fernandez (PLD)	38.94%	51.25%	
에콰도르	17 May 05 July	1992 1992	S. D. Ballen (PUR)	36.1%	57.9%	75%*
엘살바도르	20 Mar 24 April	1994 1994	A. C. Sol (ARENA)	49.3%	68.2%	50%* 45%**
과테말라	12 Nov 07 Jan	1995 1996	A. A. Irigoyen (PAN)	36.56%	51.22%	40%* 36.9%**
온두라스	28 Nov	1993	C. R. Reina (PLH)	52.36%		65%
대한민국	18 Dec	1992	Y. S. KIM (DLP)	41.96%		81%
멕시코	21 Aug	1994	E. Z. de Leon (PRI)	48.77%		77.73%
니카라과	25 Feb	1990	V. B. de Chamorro (UNO)	55%		
파나마	08 May	1994	E. P. Balladares (PRD)	33.3%		73.67%
파라과이	09 May	1993	J. C. Wasmosy (ANR–PC)	40.9%		
페 루	09 April	1995	A. Fujimori (NM–C90)	64.42%		
필리핀	11 May	1992	F. Ramos (Lakas–NUCD)	23.6%		
스리랑카	09 Nov	1994	C. Kumaratunga (People's Alliance)	62.27%		60–65%
우루과이	27 Nov	1994	J. M. Sanguinetti (Colorado Party–PC)	32.5%		89.4%
베네주엘라	05 Dec	1993	R. C. Rodriguez (CN)	30.45%		60%미만

출처: *Election around the World*　　　　　*: 1차 투표 **: 2차 투표

국가별 선거경쟁도 분포

국 가 명	국가별 선거경쟁도 분포
필리핀	3.24
베네주엘라	2.28
우루과이	2.08
파나마	2.00
볼리비아	1.96
과테말라	1.81
에콰도르	1.77
사이프러스	1.72
도미니카 공화국	1.57
파라과이	1.44
한 국	1.38
콜롬비아	1.21
멕시코	1.05
엘살바도르	1.03
코스타리카	1.02
아르헨티나	1.01
온두라스	0.91
브라질	0.84
니카라과	0.82
스리랑카	0.61
페 루	0.55

<부 록 4> 각국 연도별 GDP 현황

<u>국내총생산(Gross Domestic Product)</u>　　　　(1990년 기준 100만 US $)

년 도 국 가	1990	1991	1992	1993	1994	1995	1996	1997
아르헨티나	153,215.6	169,298.6	186,737.0	198,409.7	215,322.6	205,472.6	214,308.2	231,024.2
볼리비아	5,523.7	5,814.6	5,910.3	6,162.7	6,447.4	6,692.1	6,955.5	7,254.6
브라질	415,502.3	416,906.3	413,474.3	430,790.2	456,607.9	475,951.8	490,230.3	504,944.1
콜롬비아	48,546.9	49,518.6	51,521.6	54,296.2	57,453.3	60,531.5	61,742.1	63,717.9
코스타리카	5,837.8	5,970.0	6,431.5	6,839.2	7,145.7	7,316.1	7,269.1	7,500.2
사이프러스*	5,558	5,590	6,135	6,239	6,615	6,944		
도미니카 공화국	5,984.6	6,042.7	6,527.2	6,722.5	7,014.8	7,348.6	7,881.9	8,254.7
에콰도르	12,974.8	13,625.7	14,111.6	14,398.2	15,020.3	15,372.2	15,676.8	16,194.1
엘살바도르	5,347.9	5,539.1	5,957.0	6,396.1	6,783.1	7,216.8	7,364.8	7,663.0
과테말라	7,881.4	8,169.9	8,565.1	8,901.5	9,260.5	9,718.8	10,005.5	10,411.4
온두라스	3,090.5	3,191.1	3,370.5	3,580.5	3,531.5	3,683.4	3,819.8	4,005.9
대한민국**			263,600.0	271,200.0	294,100.0	334,000.0	342,600.0	305,800.0
멕시코	265,948.0	275,612.5	283,238.0	285,188.5	297,903.0	279,451.4	293,684.2	314,242.1
니카라과	1,766.0	1,763.2	1,770.5	1,764.0	1,823.0	1,901.4	1,987.0	2,086.4
파나마	5,313.2	5,813.7	6,290.5	6,633.7	6,822.7	6,942.2	7,110.5	7,409.1
파라과이	6,271.4	6,426.2	6,541.9	6,812.9	7,023.7	7,354.1	7,447.1	7,644.2
페 루	36,869.0	37,899.9	37,362.3	39,749.1	44,940.0	48,195.2	49,451.1	53,110.5
필리핀**		39,000.0	42,150.0	40,490.0	43,390.0	46,700.0	48,410.0	45,250.0
스리랑카*	7,935	8,318	8,682	9,282	9,807	10,346		
우루과이	8,355.2	8,623.9	9,303.1	9,581.8	10,189.6	9,989.4	10,477.3	11,105.9
베네주엘라	59,411.2	65,199.6	69,145.7	69,336.1	67,348.5	69,634.0	68,516.1	72,010.4

▶ 출처. *Basic Socio-Economic Data for 16 March 1998,*
　　　　Inter-American Development Bank
　* *Statistical Yearbook*, UN(New York, 1997)
　** 통계청, 『국제통계』 (2/4, 1998), pp. 56-57, 188-189

<부 록 5> 각국 연도별 소비자물가지수 상승률 현황

소비자 물가지수 상승률 (전년대비 년평균증가율)

국 가 \ 년 도	1990	1991	1992	1993	1994	1995	1996	1997
아르헨티나	2,315.5	171.7	24.9	10.6	4.2	3.4	0.2	0.5
볼리비아	17.1	21.4	12.1	8.5	7.9	10.2	12.4	4.7
브라질	2,937.7	440.9	1,008.7	2,148.5	2,668.6	84.4	18.2	7.5
콜롬비아	29.2	30.4	27.0	22.6	23.8	21.0	20.2	18.5
코스타리카	19.0	28.7	21.8	9.8	13.5	23.2	17.5	13.2
사이프러스*	4.5	5.0	▼6.5 ▲	4.9	4.7	2.6	3.0	
도미니카 공화국	50.4	47.1	4.2	5.3	8.2	12.5	5.4	6.7
에콰도르	48.6	48.8	54.4	45.0	27.4	22.9	24.4	30.7
엘살바도르	24.1	14.4	11.2	18.6	10.6	10.1	9.7	4.5
과테말라	41.2	33.2	10.0	11.9	10.9	8.4	11.1	9.2
온두라스	23.3	34.0	8.7	10.8	21.7	29.5	23.8	20.2
대한민국**	8.6	9.3	6.2	4.8	6.3	4.5	4.9	4.4
멕시코	26.6	22.7	15.5	9.7	6.9	35.0	34.4	20.6
니카라과	7,485.2	2,742.3	20.3	20.4	7.8	11.0	11.6	10.0
파나마	0.8	1.3	1.8	0.5	1.3	0.9	1.3	1.2
파라과이	38.1	24.2	15.2	18.2	20.5	13.4	9.8	6.9
페 루	7,592.3	409.5	73.5	48.6	23.7	11.1	11.5	8.6
필리핀*	14.1	18.7	8.9	7.6	9.1	8.1	8.4	
스리랑카*	21.5	12.2	11.4	11.7	8.4	7.7	15.9	
우루과이	112.3	102.0	68.4	54.1	44.7	42.2	28.3	19.8
베네주엘라	40.6	34.2	31.4	38.1	60.8	59.9	99.9	50.0

▶ 출처: *Basic Socio-Economic Data for 16 March 1998,*
  Inter-American Development Bank

* IMF, *INTERNATIONAL FINANCIAL STATISTICS YEARBOOK* (Washington, D.C.: IMF, 1997)

** OECD, *OECD ECONOMIC OUTLOOK* 63 (Paris: OECD Publications, 1998), p. 240

<부 록 6> 각국 연도별 실업률 현황

연평균 실업률(%)

년 도 국 가	1990	1991	1992	1993	1994	1995	1996	1997
아르헨티나	7.5	6.5	7.0	9.6	11.5	17.5	17.2	14.9
볼리비아	7.3	5.8	5.4	5.8	3.1	3.6	4.2	…
브라질	4.3	4.8	5.8	5.4	5.1	4.6	5.4	5.8
콜롬비아	10.5	10.2	10.2	8.6	8.9	8.8	11.2	12.6
코스타리카	5.4	6.0	4.3	4.0	4.3	5.7	6.6	6.1
사이프러스*				2.6	2.7	2.6		
도미니카 공화국	….	19.6	20.3	19.9	16.0	15.8	16.5	15.9
에콰도르	6.1	8.5	8.9	8.9	7.8	7.7	10.4	9.3
엘살바도르	10.0	7.9	8.2	8.1	7.0	7.0	7.5	…
과테말라	6.5	4.0	1.5	2.5	3.3	3.7	4.9	…
온두라스	7.8	7.4	6.0	7.0	4.0	5.6	6.5	6.4
대한민국**	2.4	2.3	2.4	2.8	2.4	2.0	2.0	2.6
멕시코	2.7	2.7	2.8	3.4	3.7	6.2	5.5	3.9
니카라과	11.1	14.2	17.8	21.8	20.7	16.4	14.8	13.9
파나마	20.0	19.3	17.5	15.6	16.0	16.6	16.7	15.8
파라과이	6.6	5.1	5.3	5.1	4.4	5.3	8.2	…
페 루	8.3	5.9	9.4	9.9	8.8	9.3	8.8	9.1
필리핀*	8.1	9.0	9.8	9.3	9.5	9.5		
스리랑카*	14.4	14.1	14..1	14.7	13.6	12.5		
우루과이	9.2	8.9	9.0	8.3	9.2	10.3	11.9	11.9
베네주엘라	11.0	10.1	8.1	6.8	8.9	10.9	12.3	12.8

▶ 출처: *Basic Socio-Economic Data for 16 March 1998,*
  Inter-American Development Bank

* IMF, *INTERNATIONAL FINANCIAL STATISTICS YEARBOOK* (Washington, D.C.: IMF, 1997)

** OECD, *OECD ECONOMIC OUTLOOK* 63 (Paris, OECD Publications, 1998), p. 245

· 저자 ·

김 지 희   · 약 력 ·

한림대학교 한림과학원 연구교수
한국외국어대학교 대학원 정치학 박사
한국외국어대학교 정치외교학과 졸업
영국 University of Exeter 정치학과 Research Staff 역임
한백연구재단 책임연구원 역임
세계지역학회, 동아시아 국제정치학회, 21세기정치학회 이사 역임

· 주요논저 ·

『정치학 연구방법론: 경험과학연구의 규준과 설계』(공저)
『비교민주주의: 분석모형과 측정지표』(공저)
『비교지역연구전략: 방법론적 성찰』(공저)
『비교사회연구방법론』(공저)
『비교정치연구에 있어서 혼합체계 분석안의 방법론적 적실성』
외 다수

대통령과 내각

· 초판 인쇄	2007년 6월 15일
· 2 판 발행	2007년 6월 15일
· 지 은 이	김지희
· 펴 낸 이	채종준
· 펴 낸 곳	한국학술정보㈜
	경기도 파주시 교하읍 문발리 526-2
	파주출판문화정보산업단지
	전화 031) 908-3181(대표) · 팩스 031) 908-3189
	홈페이지 http://www.kstudy.com
	e-mail(출판사업부) publish@kstudy.com
· 등 록	제일산-115호(2000. 6. 19)
· 가 격	10,000원

ISBN   978-89-534-6260-1 93340 (Paper Book)
       978-89-534-6261-8 98340 (e-Book)